Heinrich Baure

DIE SCHÖNSTEN

TAGESAUSFLÜGE

in die Bayerischen Hausberge

Anfahrt, Wegelänge, Schwierigkeit,
Einkehr und Übersichtskarte

südwest

Inhalt

Vom Kufsteiner Haus auf dem Pendling hat man einen prächtigen Tiefblick ins Inntal.

Die Wettersteinspitze setzt den eindrucksvollen Schlußpunkt auf der Wanderung zum Ferchensee.

Vom Brauneckhaus sind es nur wenige Minuten Anstieg bis zum Gipfel.

Einführung

Vorherige Seite: Frühling im Graswangtal. Wer auf königlichen Spuren wandern will, kann in diesem abgelegenen Tal – neben einem Besuch von Linderhof, dem kleinsten der drei Schlösser des Märchenkönigs – auch auf einem Reitweg zu den Brunnenkopfhäusern hinaufwandern, die früher als königliche Jagdhäuser dienten.

Rechte Seite: Blühende Bergwiesen am Hirzeneck. Im Hintergrund das Karwendelgebirge.

Die Begeisterung fürs Wandern, für die Erkundung natürlicher Schönheiten muß heutzutage nicht mehr geweckt werden. Doch besteht nach wie vor ein Bedürfnis nach Information über das „Wie und Wo". Dieser Band zeigt Wege auf, die dem Anfänger gut zuzumuten sind, und die ihm einen repräsentativen Querschnitt der bayerischen Voralpenlandschaft von Reit im Winkl bis Füssen nahebringen. Besonders angesprochen sind natürlich auch Familien mit kleinen Kindern, die oft nicht so recht wissen, wieviel sie sich bzw. ihren Kleinen zumuten können. Die meisten der hier vorgestellten Wege sind leicht und in der Regel auch gut ausgeschildert. Auch wurde Wert darauf gelegt, daß sich nahezu an jedem der Tourenvorschläge eine Einkehrmöglichkeit befindet; lediglich bei drei Wandervorschlägen müssen Sie sich selbst verpflegen, was nicht heißen soll, daß Sie sonst keine Brotzeit und Getränke mitnehmen sollen. Schließlich können bereits unterwegs Hunger und Durst auftreten, und – nicht zu vergessen – manche bewirtschafteten Almen bzw. Hütten haben auch Ruhetage oder sind nur zu bestimmten Zeiten geöffnet

Die beigefügte Routenkarten soll Ihnen helfen, sich vor Ort zurechtzufinden, doch empfehlen wir immer auch die Mitnahme einer Karte im Maßstab 1:50 000 (siehe dazu die Hinweise zu den Kartenblättern des Bayerischen Landesvermessungsamtes (BLVA) und den Wanderkarten von Freytag & Berndt (f & b) in den Kurzinformationen.

- **P** Parkplatz bzw. Parkmöglichkeit
- ⌂ bewirtschaftete Hütte
- ▬ unbewirtschaftete Hütte
- ▲ Gipfel
- → Richtungspfeil bei Rundwanderungen

Da die Wanderungen ganz bewußt nicht immer tagesfüllend angelegt wurden, finden Sie Hinweise auf ein kühles Bad, einen interessanten Museumsbesuch oder einen beschaulichen Ortsrundgang für die verbleibende Zeit nach der Tour.

Erlebnisreiche Stunden und eine entspannende Erholung in den bayerischen Hausbergen wünscht Ihnen Ihr

Heinrich Bauregger

Chiemgauer Alpen

Der zerklüftete Fels-
kamm der Kampen-
wand gilt als der Inbe-
griff der Chiemgauer
Berge. Auf seinem Ost-
gipfel gut zu erkennen:
das große Gipfelkreuz.

1 Kampenwand

Kurzinformation

Höchster Punkt: Münchner Haus, 1500 m.
Anfahrt: Über Salzburger Autobahn bis Ausfahrt Frasdorf, dann auf der Landstraße über Aschau nach Hohenaschau. Dort gebührenpflichtiger Parkplatz an der Talstation der Kampenwandbahn.
Zeitdauer: Von der Bergstation auf dem Panoramaweg bis zur Steinlingalm ½ Std., evtl. Abstieg nach Hohenaschau knappe 2 Std.; insgesamt: 2½ Std.
Schwierigkeit: Breite und leicht begehbare Wanderwege. Ideal auch für eine Schar Kinder. Der Gipfel erfordert Schwindelfreiheit.
Einkehr: Das Münchner Haus (Kampenwandhaus) bei der Bergstation, die Steinlingalm, die Schlechtenberger Alm und die Gorialm sind nahezu ganzjährig bewirtschaftet.
Karte: Topographische Karte 1:50 000 „Chiemsee und Umgebung" (BLVA).

Die Kampenwand ist unbestritten die Nummer eins im Chiemgau – vom Standpunkt des Wanderers und des Bergbahnausflüglers gesehen; sie vereinigt alle wesentlichen Elemente, die ein Ausflugsziel der Extraklasse aufweisen muß: eine Bergbahn, die uns rasch die Talniederungen vergessen läßt, eine hervorragende Aussicht, ein aufregendes Gipfelziel und zahlreiche Einkehrmöglichkeiten. Falls wir den hahnenkammartigen Felsgipfel nicht ersteigen wollen, macht's nichts, die Wanderung bergab von der Steinlingalm ist Verlockung genug.

Die Kampenwandbahn bringt uns erst mal flott auf eine Höhe von 1500 Meter. Bei der Bergstation liegt schon das erste verlockende Einkehrziel, das Münchner Haus. Von dort führt ein breiter und bequemer Panoramaweg hinüber zur Steinlingalm auf der Kampenhöhe. Dort ist Platz, um den ganzen Tag zu verbringen: um zu schauen, zu rasten, die kleine Kapelle nebenan zu besichtigen, ja, falls man

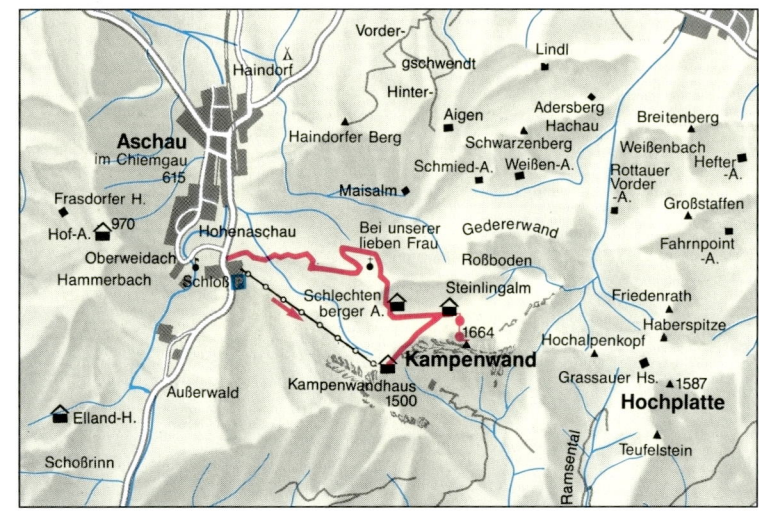

Vom Promenadeweg, der die Bergstation der Kampenwand mit der Steinlingalm verbindet, hat man einen hervorragenden Blick auf den Chiemsee und die hügelige Moränenlandschaft, mit der die Alpen im Norden ausklingen.

Oben: Schloß Hohenaschau am Eingang des Prientals.

wirklich trittsicher ist, sogar hinaufzusteigen zum Ostgipfel der Kampenwand, den ein riesiges Kreuz weithin sichtbar ziert (übrigens: das größte Kreuz in den Bayerischen Voralpen). Direkt von der Steinlingalm führt ein Steig südwärts empor bis in eine Scharte im felsigen Kamm des Massivs. Kurz unterhalb der Scharte hält man sich links durch die von glatten Wänden begrenzten „Kaisersäle". Durch dieses schluchtartige Gelände erreicht man den Gipfelaufschwung des Kampenwand-Ostgipfels. Glatter, abgespeckter Fels, Drahtseilsicherung und eine Eisenbrücke vermitteln den Anstieg zum 1664 Meter hohen Gipfel. Der Abstieg vollzieht sich am Anstiegsweg, und es gilt dasselbe wie für den Aufstieg: erhöhte Vorsicht! – Wenn es dann Zeit ist, steigen wir von der Alm auf dem breiten Wanderweg gemütlich talwärts. Vorbei an der Bergwachthütte unterqueren wir einen Sessellift und gelangen so zu einer Gabelung; dort links weiter zur Schlechtenberger Alm. Wir folgen dem breiten Reitweg weiter talwärts, vorbei an der Schlechtenberger Kapelle, queren dann hinüber zur Geißstiegwand. In einigen weiteren Kehren geht es nun hinab nach Hohenaschau und damit auch zur Talstation der Bergbahn, unserem Ausgangspunkt.

Und nach der Tour: Da das Schloß Hohenaschau für die Öffentlichkeit nicht zugänglich ist, bieten sich stattdessen in der warmen Jahreszeit die reizvollen Freibäder bei Aschau an, wobei eines ein Naturmoorbad ist.

2 Hochplatte

Kurzinformation

Höchster Punkt: Hochplatte, 1587 m.
Anfahrt: Auf der Autobahn München–Salzburg bis Ausfahrt Bernau. In südöstlicher Richtung nach Marquartstein und dort zum Ortsteil Piesenhausen-Niedernfels. Parkplatz bei der Talstation des Sessellifts (Mittagspause!).
Zeitdauer: Von der Bergstation des Sessellifts bis zum Gipfel der Hochplatte etwa 1½ Std. (bei Verzicht auf den Sessellift muß man 3 Std. für den Aufstieg einplanen). Der Abstieg von der Hochplatte nach Marquartstein erfordert etwa 1½ bis 2 Std; insgesamt: etwa 3 bis 3½ Std.
Schwierigkeit: Wanderwege und Bergsteige.
Einkehr: Piesenhauser Hochalm, 1335 m (einfach bewirtschaftet). Berggasthof Staffn-Alm bei der Bergstation.
Karte: Topographische Karte 1:50 000 „Chiemsee und Umgebung" (BLVA).

Hoch über dem Chiemsee erhebt sich eine gleichförmige Pyramide, ein sanfter Berg mit Wald und Wiesen, die Chiemgauer Hochplatte. Ein idealer Wanderberg mit Einkehrmöglichkeit und großartig vielfältiger Aussicht: Im Süden Wilder Kaiser, Hohe Tauern, Watzmannstock, im Norden der Chiemsee mit seinen Inseln, dazu das vorgebirgige Land, wo Zwiebeltürme sich gen Himmel recken, wo die Bauern der Landschaft Gestalt geben, wo es so bayerisch anmutet, wie nirgendwo sonst.

Warum nicht mal bequem sein und sich vom Sessellift hinaufbringen lassen auf knapp 1200 Meter Höhe. Wo doch der Fußweg bis dorthin so spannend nicht wäre: eine Forststraße, breit und ein wenig monoton. Ist man aber erst einmal oben an der Bergstation des Sessellifts, dann ist das Wandern der wahre Genuß. Etwa hundert Höhenmeter oberhalb der Forststraße zieht ein Wanderweg in südwestlicher Richtung. So bummelt man gemächlich ansteigend unter

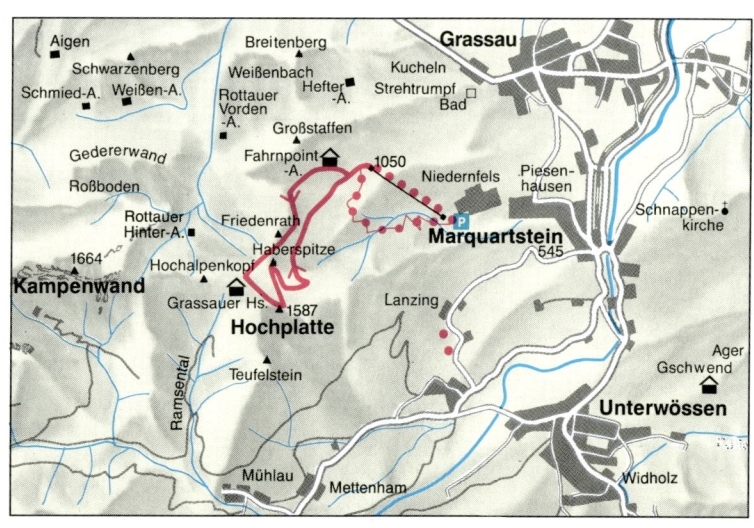

dem 1432 Meter hohen Friedenrath vorbei, weiter zum Haberspitz, zur Piesenhauser Hochalm und zum Grassauer Haus. Hier, gut 200 Meter unterm Gipfel der Hochplatte, wird während der Wandersaison einfache Bewirtschaftung geboten, was heißen soll, daß sich der Durst hier löschen läßt und eine Brotzeit mit Bergkäs oder Speck zur Stärkung gereicht wird, selbst dann, wenn man sie bei diesem Alpenspaziergang gar nicht nötig hätte. Auch der Gipfelanstieg vollzieht sich auf breitem, gutem Weg. Nach etwa 1½ Stunden seit dem Aussteigen aus dem Sessellift erreicht man den 1587 Meter hohen Gipfel der Hochplatte und gibt sich ganz dem Schaugenuß hin.

Für den Abstieg empfiehlt sich der Anstiegsweg. Wer aber auf den Sessellift verzichten möchte, kann auch gleich beim Grassauer Haus den Forstweg einschlagen, der in weiten Kehren hinunterführt nach Niedernfels-Marquartstein.

Hier läßt man den Tag am besten mit einer kleinen kulturellen Sightseeing-Tour ausklingen. Denn der Chiemgau ist altbairisches Kulturland, und wenn man schon einmal da ist, sollte man möglichst intensive Eindrücke von dieser Region mitnehmen können. Zum Abschluß also ein Besuch der Schloßkapelle von Marquartstein, ein Quentchen Andacht und danach in einem Biergarten eine wohlverdiente Maß.

Die schöngeformte Hochplatte von Süden, aus dem oberen Achental.

Und nach der Tour: Was böte sich besser an als ein Bad im oder eine Kahnpartie auf dem nahen Chiemsee. Insbesondere für Kinder interessant: der Märchen- und Erlebnispark (mit Sommer-Rodelbahn) in Niedernfels. Von ca. Ostern bis Ende Oktober täglich von 9–18 Uhr geöffnet.

13

3 Taubensee von Schleching

Kurzinformation

Höchster Punkt: Gasthaus Taubensee, 1165 m.
Anfahrt: Auf der Salzburger Autobahn bis zur Ausfahrt Bernau, dann weiter auf Landstraße über Marquartstein bis zum Zollamt Schleching. Vor dem Zollamt zweigt links eine Asphaltstraße ab, die hinauf zur kleinen Ortschaft Achberg führt. Bei der ersten Straßenverzweigung rechts weiter bis zum Ende der öffentlich befahrbaren Straße. Dort Parkmöglichkeit.
Zeitdauer: Zum Taubensee 1½ Std., für den Abstecher zum Gasthaus Taubensee weitere 20 Minuten. Den Abstieg bewältigen wir in ³/₄ Std.; insgesamt: gut 2½ Std.
Schwierigkeit: Forstwege und einfache, z. T. steile Bergwege.
Einkehr: Das Gasthaus Taubensee ist ganzjährig bewirtschaftet. In Nähe des Ausgangspunktes befindet sich das aussichtsreich gelegene Gasthaus Streichen.

Der Chiemgau hat zahlreiche Seen an seinem nördlichen Rand aufzuweisen, doch keine Gebirgsseen. Mit einer Ausnahme: den Taubensee. Versteckt in den Wäldern oberhalb von Reit im Winkl und dem Tiroler Achental fristet er jedoch keine einsame Existenz; er ist vielmehr gerne besuchtes Ziel von Wanderungen aus allen vier Himmelsrichtungen. Und praktischerweise findet sich gleich nebenan ein nahezu ganzjährig bewirtschaftetes Gasthaus.

Beim zweiten Parkplatz auf der Anfahrt zur Streichenkapelle verzweigen sich die Wege. Wir nehmen den linken und wandern ein kurzes Stück bergwärts, bis links der markierte Steig Richtung Taubensee abzweigt. Durch Wald und über Wiesen gelangen wir so zu einer weiteren Forststraße. Hier biegen wir rechts ein und steigen nun etwas steiler in zwei Kehren hinauf zur Donaueralm. Bei der nächsten Abzweigung halten wir uns rechts und steigen dann in einem Linksbogen bis an den Steilaufbau der Rauhen Nadel. Dort zweigt rechts der sogenannte Kroatensteig ab (eine Erinnerung an die hier eingedrungenen kaiserlichen Truppen aus der Zeit des Spa-

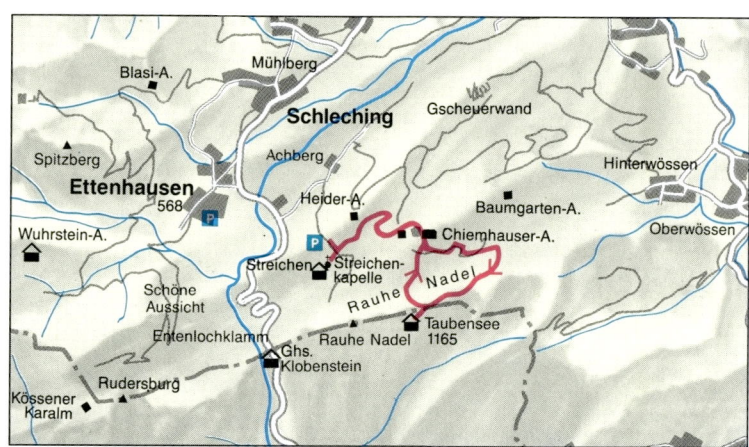

nischen Erbfolgekrieges). Nun steil in zahlreichen Serpentinen hinauf und über den Kamm der Rauhen Nadel; dort rechts hinab zum Taubensee und kurz ansteigend zum Gasthaus. – Für den Rückweg nehmen wir eine Variante und steigen zwischen Gasthaus und See links hoch, um dann steil durch die Nordhänge der Rauhen Nadel auf der anderen Seite abzusteigen, wo wir auf unseren Anstiegsweg treffen.

Oben: Der Taubensee.

Unten: Das Taubenseehaus trägt nicht unwesentlich zur Beliebtheit dieses Ausflugsziels bei. Von seiner Terrasse genießt man einen freien Blick auf das Kaisergebirge.

Karte: Topographische Karte 1:50 000 „Chiemsee und Umgebung" (BLVA).
Und nach der Tour: Bademöglichkeiten bestehen in Unterwössen am kleinen Wössener See mit Badeanstalt sowie am Zellersee bei Mettenham.

15

4 Geigelstein von Ettenhausen

Kurzinformation

Höchster Punkt: Geigelstein, 1813 m.

Anfahrt: Über die Salzburger Autobahn bis zur Ausfahrt Bernau, dann auf der Landstraße nach Schleching und weiter bis Ettenhausen. Dort Parkplatz an der Talstation der Sesselbahn.

Zeitdauer: Von der Bergstation der Sesselbahn 2 Std. bis zum Gipfel. Für den Abstieg zur Bergstation 1¼ Std., für den Abstieg ins Tal 1 Std.; insgesamt: 4¼ Std.

Schwierigkeit: Almwege und schmale Bergsteige. Im oberen Teil ist die Route ziemlich stark der Sonne ausgesetzt.

Einkehr: Wuhrsteinalm, 1140 m (ganzjährig bewirtschaftet, außer November und die ersten Wochen nach Ostern). Berghotel Breitenstein.

Karte: Topographische Karte 1:50 000 „Chiemsee und Umgebung" (BLVA).

Der Geigelstein, Hausberg der Schlechinger und vielbesuchter Wanderberg, nimmt eine Sonderstellung ein. Neben der Kampenwand gehört er zu den höchsten und meistbesuchten Gipfeln der westlichen Chiemgauer Alpen. Seine Lage am Südrand der Chiemgauer bürgt für eine grandiose Aussicht. Von allen Seiten führen Wege auf seinen Gipfel, doch seinen Ruf als Modeberg hat er durch den „Ansturm" auf seiner Ostseite. Dort hilft nämlich die Geigelsteinbahn hinauf zur Wuhrsteinalm, knapp 500 Höhenmeter einzusparen.

Wer den Sessellift verschmähen will, darf von Ettenhausen, dem Ausgangsort, natürlich auch zu Fuß auf einer schattigen Forststraße hinauf zur Wuhrsteinalm wandern. Die, die etwas Zeit „sparen" wollen, starten ihre Tour an der Bergstation und steigen zuerst in 10 Minuten hinauf zum Berggasthof Wuhrsteinalm. Dort beginnt der Wanderweg zum Geigelstein. Auf gut markiertem Weg – zum Teil in Serpentinen – steigen wir zuerst über Almwiesen hinauf zur direkt oberhalb gelegenen Wirtsalm, wo wir den rechten Wegverzweiger nehmen. Der

16

Steig verläuft dann durch die schrofendurchsetzte, der Sonne ausgesetzte Südflanke des Geigelsteins und führt hinauf zur Geigelstein-
scharte, die uns dann einen reizvollen Blick hinab zur Priener Hütte
gestattet. Wir gehen nun rechts durch Latschen weiter steil aufwärts
zum Gipfel mit Kreuz und kleiner Kapelle.
Den Abstieg bewältigen wir am besten auf der Anstiegsroute, denn
so kommen wir am schnellsten zu einer Einkehrmöglichkeit. Und
falls uns dabei die Knie weich geworden sind, lassen wir uns gemütlich mit dem Sessellift ins Tal hinunterschaukeln.

**Am Gipfel des Geigel-
steins. Rechts im
Hintergrund: der
Hochgern.**

Und nach der Tour:
Baden im Zellersee bei
Schleching sowie im Wös-
sener See in Unterwössen.

5

Klausen und Spitzstein

Kurzinformation

Höchste Punkte: Spitzstein, 1596 m, Klausen, 1508 m.
Anfahrt: Salzburger Autobahn bis Inntaldreieck, dann weiter Richtung Innsbruck bis zur Ausfahrt Brannenburg/Degerndorf; über Nußdorf nach Windshausen zum Grenzübergang. In Ortsmitte von Erl – bei der Pfarrkirche – links und kur-

Die Klausenhütte – von den Einheimischen auch nur Klausen genannt – liegt auf dem Kamm, der sich von Aschau nach Süden zieht und im markanten Spitzstein kulminiert. Ihre freie Lage, die gute Aussicht garantiert, und ihr gemütlicher Charakter haben sie zu einer kleinen Bergwanderinstitution werden lassen. Der wohl am häufigsten gemachte Anstieg ist der von Hammerbach im Priental; doch wer es noch etwas ruhiger haben will, ist mit dem Aufstieg durch das Trockenbachtal gut beraten.
Wer noch Kräfte übrig hat, kann nach dieser Tour noch einen Abstecher auf den Spitzstein wagen, der von dieser Seite her ein Kinderspiel darstellt.

Vom Parkplatz im unteren Trockenbachtal am Ende der öffentlichen Straße wandern wir nur unmerklich ansteigend talein. Vorbei an der Jausenstation Köndlötz (etwas rechts vom Weg) weiter durch das im unteren Bereich bewaldete Tal, bis wir auf einige Almen stoßen. Am

Ein bequem zu begehender Almweg führt bis ins obere Trockenbachtal.

Linke Seite: Das gemütliche Klausen-Wirtshaus.

venreich hinauf ins Trockenbachtal; 6 km hinter Erl verzweigt sich die Straße: zur Klausen links weiter bis zum Ende der öffentlichen Fahrstraße, rechts zum Parkplatz am Erler Berg für die Spitzsteintour.

Zeitdauer: Anstieg Klausen 2½ Std., Abstieg 1½ Std.; insgesamt: 4 Std. Anstieg Spitzstein 1½ Std., Abstieg 1 Std.; insgesamt: 2½ Std.

Schwierigkeit: Almfahrwege. Das jeweils letzte Stück besteht aus leichten Bergwanderwegen (z. T. steil).

Einkehr: Klausen (an Wochenenden und Feiertagen ganzjährig bewirtschaftet, im Sommer auch unter der Woche). Spitzsteinhaus (ganzjährig bewirtschaftet).

Karte: Topographische Karte 1:50 000 „Chiemsee und Umgebung" (BLVA).

Und nach der Tour: Ein Besuch von Neubeuern mit seinem reizvollen Ortsbild.

Ende des Almgebiets, bei den Jagdhütten, verzweigt sich der Fahrweg. Nun rechts in Kehren hinauf durch Wald – bei den weiteren Verzweigungen links halten, bis rechts der ausgeschilderte Steig zur Klausenhütte abzweigt. Noch eine halbe Stunde Gehzeit, und wir haben die Kammhöhe mit dem einladenden kleinen Berggasthaus direkt auf der bayerisch-österreichischen Grenze erreicht. Für die Rückkehr benutzen wir den Anstiegsweg.

Das Anfang der achtziger Jahre neu errichtete Spitzsteinhaus ist durch seine günstige Lage und seine leichte Erreichbarkeit gerade von der Tiroler Seite aus eine immer wiederkehrende Verlockung. Und der Gipfelblick vom Spitzstein, dem höchsten Gipfel der westlichen Chiemgauer Alpen, reicht von den Berchtesgadener Alpen über die Felszinnen des Wilden Kaisers bis hinein in die Zentralalpen. Vom Parkplatz am obersten Ende des Erler Bergs schlendern wir gemütlich auf dem gesperrten Fahrweg in einer knappen halben Stunde hinauf zum Spitzsteinhaus. Zum Gipfel führt nun ein rot markierter Steig vom Haus zuerst mäßig, dann bald steil ansteigend über den freien Südhang und im obersten Teil durch Wald zum höchsten Punkt mit Kreuz und kleiner Kapelle. Abstieg wie Anstieg.

Inntalberge

Zahmer und Wilder Kai-
ser bilden die wuchtige
Kulisse beim Eintritt ins
Inntal. Im Mittelgrund
Heuberg und Kranz-
horn, Eckpfeiler der
Chiemgauer Alpen.

6 Kaisertalrunde

Kurzinformation

Höchster Punkt: Vorder-kaiserfeldenhütte, 1388 m.
Anfahrt: Auf der Inntal-autobahn bis zur Ausfahrt Kufstein Nord, dann zum Ortsteil Sparchen direkt ge-genüber; dort Parkplatz am Eingang zum Kaisertal.
Zeitdauer: Kufstein-Spar-chen – Vorderkaiserfelden-hütte 2½ Std., weiter zum Anton-Karg-Haus 1¼ Std., Rückkehr nach Kufstein 2 Std.; insgesamt: 5¾ Std.
Schwierigkeit: Forst-straßen und Wanderwege.
Einkehr: Die Vorder-kaiserfeldenhütte ist ganz-jährig, das Anton-Karg-Haus von Mai bis Ende Oktober bewirtschaftet. Pfandlhof und Veitenhof.
Karte: f&b-Wanderkarte 1:50 000 (WK 301) Kuf-stein – Kaisergebirge – Kitzbühel.
Und nach der Tour: Zum Baden laden ein der Stim-mersee und der Thiersee.

Im Kaisertal.

Die Toren werden eine Tour wie die hier vorgeschla-gene wahrscheinlich – sofern des bajuwarischen Idioms mächtig – als „Hatscher" abtun. Wir Weisen dagegen wissen, daß es dem Menschen nicht gut gehen kann, wenn er nicht geht, und nehmen diesen Hatscher freudig hin.

Zur Vorderkaiserfeldenhütte spazieren wir von Kufstein aus bequem teils über Forststraßen, teils auf einem Fußweg. Schon während des Aufstiegs eröffnet sich die Aussicht auf die „Kaiserlichen Majestäten" – Totenkirchl, die Halten, den ganzen Kamm vom Sonneck bis zum Scheffauer. Von der Hütte aus können wir dann auch noch weit ins Inntal und ins Alpenvorland schauen. Genießen wir's, denn diese Aussicht kommt nicht wieder! Dafür kommen wir auf unserem Wei-terweg über den bewaldeten Kegelboden den Gipfeln des Wilden Kaisers immer näher. Bald treffen wir auf den „Oberen Kaisertal-weg", der von der Antoniuskapelle herüberkommt, und steigen dann auf ihm weiter ab über die Hechleitenalm zum Anton-Karg-Haus. Wir sind nun am „Hinterbärenbad". Auf unserem Rückweg über die Antoniuskapelle können wir dann noch im Pfandlhof einkehren.

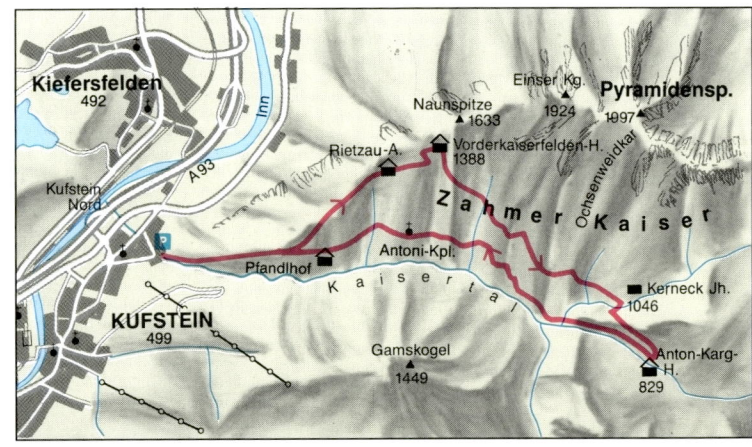

7 Pendling

Höchster Punkt: Pend-
ling, 1563 m.
Anfahrt: Auf der Inntal-
autobahn bis zur Ausfahrt
Kufstein Nord, dann weiter
Richtung Süden zum Orts-
teil Zell. Wir haben drei Al-
ternativen: Nun entweder
nach Vorderthiersee oder
geradeaus weiter zum Parkplatz am Stimmersee; die
dritte Möglichkeit ergibt
sich, wenn wir bis Unter
Langkampfen weiterfah-
ren. Falls wir mit der Bahn
anfahren, können wir vom
Bahnhof direkt zum Stim-
mersee wandern.
Zeitdauer: 3½ bis 4 Std.
vom Stimmersee (vom
Bahnhof Kufstein 1 Std.
länger) bzw. von Unter
Langkampfen aus, 2½ bis
3 Std. von Thiersee aus.
Abstieg 2 bis 3 Std.; insgesamt: 5 bis 7 Std.
Schwierigkeit: Bergwanderwege ohne Schwierig-
keiten, der Anstieg von
Unter Langkampfen ist je-
doch vergleichsweise steil.
Einkehr: Kufsteiner Haus

**Fährt man inntalaufwärts nach Tirol hinein, so sticht
einem alsbald rechter Hand die mächtige Gestalt des
Pendlings ins Auge, der sich rund tausend Meter über
den Talboden erhebt. Sein Südostabbruch täuscht
glatt darüber hinweg, daß wir es eigentlich nur mit
einem Voralpenberg zu tun haben, der seinen Gipfel
nicht einmal richtig über die Baumgrenze hinaus-
reckt. Wen verwundert's: Dank seiner Aussicht zählt
er zu Recht zu den beliebtesten Wanderzielen rund um
Kufstein.**

Der Pendling ist im wahrsten Sinne des Wortes der Hausberg der
Kufsteiner, steht doch direkt auf seinem Gipfel das Kufsteiner Haus.
Wegen seiner leichten Erreichbarkeit und seiner anregenden Aussicht bietet es sich für Feiern aller Art geradezu an, und das sollten
wir bei unserer Tourenplanung bedenken. Andererseits sind wir bei
einem Berg dieser Größenordnung aber kaum auf einen festen Stütz-
punkt angewiesen.
Der Weg auf den Pendling beginnt am Stimmersee, fast noch am
Stadtrand von Kufstein. Wer sich noch einige von den ohnehin nicht

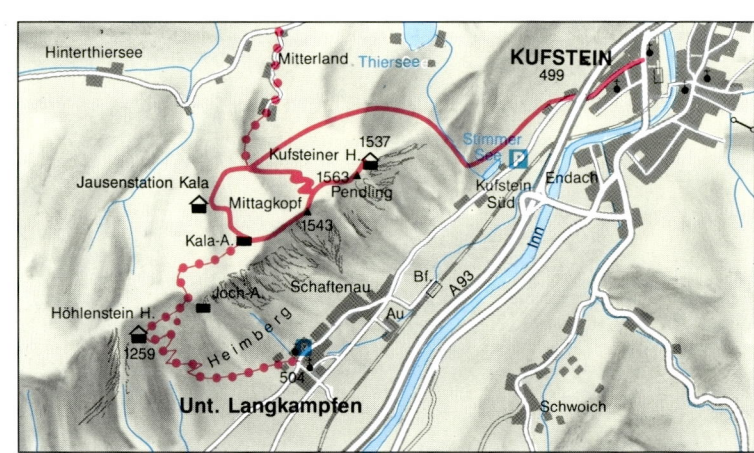

24

allzu vielen Aufstiegsmetern sparen will, kann auch vom Thiersee oder – wenn schon, denn schon – von den letzten Häusern von Mitterland (an der Straße nach Hinterthiersee) starten. Wer es gerne etwas steiler hat, beginnt seine Tour in Unter Langkampfen.

Unser Anstieg vom Stimmersee führt meist durch Wald (er kann gar nicht anders), muß sich Mühe geben, die Forststraße zu vermeiden und bietet wenig Spektakuläres. Erst auf der langen Ost-West-Querung unterm Gipfel öffnet sich die Aussicht nach Norden und Westen; wir sehen das Hintere Sonnwendjoch, den unverwechselbaren Doppelgipfel des Gufferts und das Karwendel.

Dafür entschädigt der höchste Punkt mit einer Paradeaussicht auf die umfassende Gipfel-Vollversammlung des mittleren und östlichen Nordtirols. Vor allem die beiden Massive des Kaisergebirges präsentieren sich zum Greifen nahe und aus ungewohnter Perspektive.

Den Abstieg können wir der Abwechslung halber auch vom Gipfel direkt auf dem Gipfelkamm nach Südwesten über den Mittagkopf beginnen und haben dann bei der Jausenstation Kala nochmal Gelegenheit einzukehren. Wenn wir dann die Runde voll machen, treffen wir wieder auf unseren Anstiegsweg, dem wir hinab zum Stimmersee folgen.

und Höhlensteinhaus sind von Anfang Mai bis Ende Oktober bewirtschaftet. Jausenstation Kala sowie Gasthaus Schneeberg am Anstieg von Thiersee.

Karte: f & b-Wanderkarte 1:50 000 (WK 301) Kufstein – Kaisergebirge – Kitzbühel.

Und nach der Tour: Ein kühles Bad im Stimmersee oder im Thiersee (mit Badeanstalt).

Der Pendling (im Hintergrund) von seiner „schwachen" Seite.

Tegernseer und Schlierseer Berge

Blick über das dicht be-
waldete Weißachtal (mit
Kreuth) auf die süd-
lichen Tegernseer
Berge und die verglet-
scherten Zentralalpen
dahinter.

8 Petersbergl und Hohe Asten

Kurzinformation

Höchster Punkt: Asten-
höfe, 1104 m.
Anfahrt: Auf der Salzburger Autobahn bis zum Inn-
taldreieck, dann weiter
Richtung Innsbruck bis zur
Ausfahrt Brannenburg/De-
gerndorf; in Degerndorf
links nach Flintsbach; dort
nach der Kirche rechts in
die Maiwandstraße und
links in den Petersbergweg.
Dort Parkmöglichkeit ent-
lang der Straße.

**Fährt man auf der Inntalautobahn Richtung Grenze,
sieht man rechts oben ein helles Kirchlein herunter-
leuchten. Es ist die alte Propsteikirche auf dem Petersbergl aus dem 12. Jahrhundert, die jahrhundertelang ein beliebtes Wallfahrtsziel darstellte. Schon in
einer Stunde ist man oben und kann den freien Blick
auf das Inntal genießen. Und nebenan steht das alte
Propsteihaus aus dem 17. Jahrhundert, das dem Stil
unserer Zeit gemäß zu einer Wirtschaft umfunktio-
niert wurde. Hat man danach noch etwas Muse, bietet
sich der reizvolle Weiterweg zu den bewirtschafteten
Astenhöfen an, übrigens den höchstgelegenen, ganzjährig bewohnten Bauernhöfen in Deutschland.**

Die Entstehung der Petersbergkirche bei Flintsbach läßt sich nur be-
dingt datieren und rekonstruieren. Der keltisch-römische Name
„Madron", der dieses kleine Bergmassiv ursprünglich bezeichnete,
läßt jedoch bereits auf eine frühere Bedeutung schließen. Man nimmt
an, daß es sich hier um eine vorchristliche Kultstätte gehandelt hat.
Einige Sagen um diesen Berg und der Vergleich mit weiteren „Pe-
tersbergen" unterstützen diese Annahme. Den Bau der Kirche und
der Klosterzelle datiert man auf das Jahr 1139. Nach wechselndem
Besitz der Kirche, deren Geschichte eng mit jener der Falkensteiner
zusammenhing – die Ruine der Burg können wir am Bergfuß be-
trachten; sie wurde 1296 zerstört –, wurde sie 1803 säkularisiert.
Bis dahin hatte sie jahrhundertelang als Wallfahrtskirche gedient, da
einige Reliquien aus dem Heiligen Land dort als Heiligtümer ver-
wahrt waren, danach war sie Anrufungsort für Pestgeschädigte. Um
sie vor dem Abbruch zu retten, erwarben die beiden Bauern auf der
Hohen Asten den gesamten Komplex und ließen ihn durch einen
Seelsorger besetzen. Anfang der siebziger Jahre des 20. Jahrhunderts wurde die Kirche in eine eigens gegründete Stiftung einge-
bracht und komplett renoviert. Das frühere Propsteigebäude aus dem
Jahre 1696 wurde in ein Gasthaus umgewandelt.

Vom Parkplatz am Südrand von Flintsbach wandern wir zuerst auf breitem, jedoch bald steilem Weg durch Wald bergan. Vorbei an der Burgruine Falkenstein, dem Sitz der im Mittelalter mächtigen Grafen von Falkenstein, steigen wir auf der Nordseite des Petersbergls hinauf, bis wir auf einen querführenden Weg stoßen. Nun links weitere 200 Meter aufwärts, bis links der steile, aber weithin breite Weg zum Petersbergl abzweigt und in 10 Minuten hinauf zum Gipfel mit Kirche und Gasthaus auf 847 Meter Höhe führt. Dort läßt sich's gut rasten und schauen.

Um zu den Astenhöfen zu gelangen, müssen wir zuerst wieder zum Hauptweg absteigen, dort gehen wir links und folgen dem ansteigenden Fahrweg zu den oberhalb eines großen Wiesenhangs gelegenen Bauernhöfen.

Für den Abstieg nehmen wir wieder den Anstiegsweg, wobei wir die Möglichkeit einer abwechslungsreichen Variante haben: Etwas unterhalb der Wegabzweigung zum Petersbergl folgen wir dem ausgeschilderten Weg Richtung Brannenburg, zweigen dann nach wenigen Minuten rechts zum alten Bauernhof „Wagner am Berg" ab und folgen einem schönen Steig hinab ins Tal. Dort wieder rechts und am Bergfuß entlang zurück zum Ausgangspunkt.

Die Peterskirche auf dem Petersbergl.

Zeitdauer: Von Flintsbach auf das Petersbergl 1 Std., zur Hohen Asten plus 1 Std., Rückweg 1½ Std.; insgesamt: 3½ Std.
Schwierigkeit: Breite, aber gesperrte Fahrwege.
Einkehr: Die Gasthäuser Petersberg und Hohe Asten sind ganzjährig bewirtschaftet.
Karte: Topographische Karte 1:50 000 „Mangfallgebirge" (BLVA).
Und nach der Tour: Ins Freibad bei Flintsbach.

9 Brünnstein vom Tatzelwurm

Kurzinformation

Höchster Punkt: Brünnstein, 1619 m.

Anfahrt: Salzburger Autobahn bis zum Inntaldreieck, dann weiter Richtung Innsbruck bis zur Ausfahrt Oberaudorf; dort auf die Sudelfeldstraße (Maut) Richtung Bayrischzell zum Gasthaus Tatzelwurm bzw. etwas oberhalb, wo kurz nach der Straßenverzweigung (Richtung Bayrischzell) links ein Fahrweg abzweigt. Dort befindet sich unser Ausgangspunkt, der „Waldparkplatz".

Zeitdauer: Anstieg zum Brünnsteinhaus 2½ Std., evtl. Abstecher auf den Brünnstein 1¼ Std., Rückkehr zum Ausgangspunkt 1½ Std.; insgesamt: 4 bis 5¼ Std.

Schwierigkeit: Zu Beginn Almfahrweg, dann überwiegend Bergsteig ohne Probleme. Der Brünnsteingipfel ist jedoch nur für trittsichere Bergwanderer.

Einkehr: Das Gasthaus Tatzelwurm ist ganzjährig,

Der Brünnstein ist ein beliebter Berg. Allein der Blick auf die Karte beweist es: denn von allen Seiten führen Wanderwege hinauf. Das muß nicht verwundern, bietet er doch eine hervorragende Aussicht, die sich hinter der des Wendelsteins gar nicht verstecken muß. Und wer nicht ganz auf den Gipfel muß – der Anstieg ist nun doch etwas steil –, kann mit der Einkehr im gemütlichen Brünnsteinhaus vorliebnehmen. Ein besonderes „Zuckerl" finden wir jedoch an unserem Ausgangspunkt: das historische Gasthaus „Zum feurigen Tatzelwurm" – der Treffpunkt der naturverbundenen Maler und Schriftsteller des 19. Jahrhunderts – und die Tatzelwurm-Wasserfälle.

Vom Gasthaus Tatzelwurm entweder zu Fuß am Wasserfall vorbei oder mit dem Auto zum Wanderparkplatz und von dort auf einem Almfahrweg durch Wald und Almwiesen hinauf zur Schoißeralm und weiter zu einer Diensthütte. Wir kreuzen einen querführenden Ver-

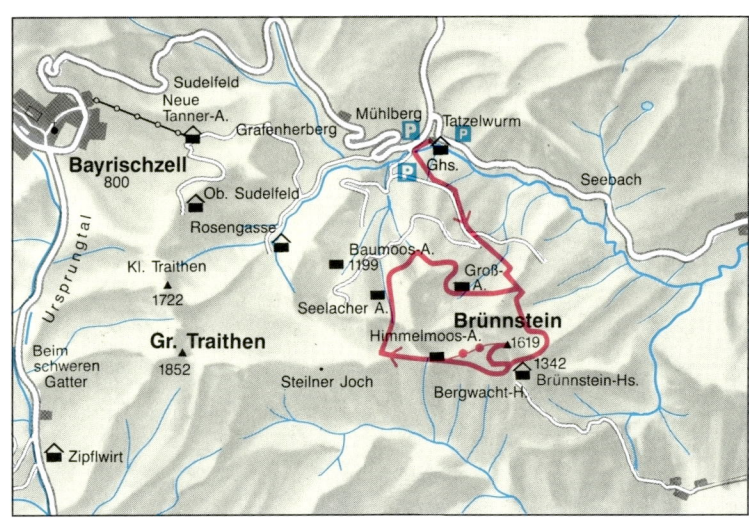

bindungsweg und wandern geradeaus weiter bis zu einer starken Rechtskurve; dort zweigt ein Wanderweg ab, der uns zuerst durch die Nordseite, wobei wir den Verbindungsweg zwischen den Großalmen überqueren, dann durch die Ostseite des Brünnsteins hinaufführt zum Brünnsteinhaus. Dort beginnt gleich beim Haus der gesicherte Klettersteig, der als Dr.-Julius-Mayr-Weg überaus anregend zum Gipfel führt. Mal sind Schwierigkeiten mittels Leitern, Trittbügeln und Drahtseilen zu überwinden, mal zwängt man sich durch einen eindrucksvollen Felsspalt. Schließlich ist die kleine Kapelle erreicht, die den Gipfelgrat ziert, und es sind nur noch ein paar ausgesetzte Minuten über die Gratschneide zum Kreuz. Hier sollte man sich unverzüglich hinsetzen. Sonst besteht Gefahr, daß einen der Blick zum Wilden Kaiser wirklich umwirft. Wer nicht so ganz schwindelfrei ist, kann den leichteren Steig links herum angehen.

Für den Abstieg wählen wir eine Variante und steigen über die Himmelmoosalmen ab, gehen dann ein Stück Richtung Rosengasse und nehmen dann rechts den Weg (bei einem Gatter) zur Seelacher Alm. Von dort auf einem Fahrweg weiter gerade hinab, dann etwas rechts haltend, bis wir wieder auf unseren Anstiegsweg treffen. Auf ihm zurück zum Ausgangspunkt.

Blick über das untere Sudelfeldgebiet auf den Brünnstein.

das Brünnsteinhaus, 1342 m, bis auf einige Wochen im Hochwinter ebenfalls ganzjährig bewirtschaftet.
Karte: Topographische Karte 1:50 000 „Mangfallgebirge" (BLVA).
Und nach der Tour: Hallen- bzw. Freibäder in Oberaudorf, Bayrischzell und Fischbachau. Reizvoll auch der kleine Luegsteinsee bei Oberaudorf.

31

10 Wirtsalm und Schuhbräualm

Kurzinformation

Höchster Punkt: Rampoldplatte, 1422 m.
Anfahrt: Auf der Salzburger Autobahn bis zur Ausfahrt Bad Aibling, dann rechts auf der Landstraße nach Bad Feilnbach. In Ortsmitte zweigt die Wendelsteinstraße Richtung Süden ins Jenbachtal ab; zuerst noch auf Asphaltstraße, dann auf unbefestigter Straße bis zum letzten Parkplatz 6 km von der Ortsmitte.
Zeitdauer: Vom Parkplatz bis zur Wirtsalm 20 Minuten, Anstieg zur Schuhbräualm 1½ Std., Rückkehr ¾ Std.; insgesamt: 2½ Std.
Schwierigkeit: Überwiegend Almfahrwege sowie Wanderpfade.
Einkehr: Wirtsalm und Schuhbräualm (Montag Ruhetag) sind jeweils von Anfang Mai bis Ende Oktober bewirtschaftet.
Karte: Topographische Karte 1:50 000 „Mangfallgebirge" (BLVA).

Die kleinen, bewaldeten Vorberge zwischen Wendelstein und Bad Feilnbach sind dem Bergwanderer in der Regel kein Begriff. Für den beschaulichen Wanderer ohne Gipfelambitionen, für Genießer bieten sie jedoch genug Abwechslung und Vergnügen. Denn: wie wenig andere Gebiete sind sie noch heute intensiv genutztes Almgebiet, und zu einer richtigen Alm gehört heutzutage auch der Ausschank und die deftige Brotzeit. Zwei von ihnen haben wir zu einer abwechslungsreichen Rundtour zusammengefaßt, die nicht nur den Gaumen, sondern auch die Schaulust befriedigen wird, bieten sich doch vom Weg reizvolle Blicke auf den das ganze Gebiet dominierenden Wendelstein.

Vom Parkplatz am Ende der Jenbachtalstraße gehen wir zuerst auf dem breiten Wirtschaftsweg gemütlich durch Wald weiter talein, bis wir nach 20 Minuten auf die Abzweigung des Fußweges zur Wirtsalm stoßen; auch wenn wir vielleicht noch nicht einkehren wollen, sollten wir ihr doch einen kurzen Besuch abstatten. Von dort geht es dann über den Fahrweg zurück bis kurz nach der Abzweigung dieses Ab-

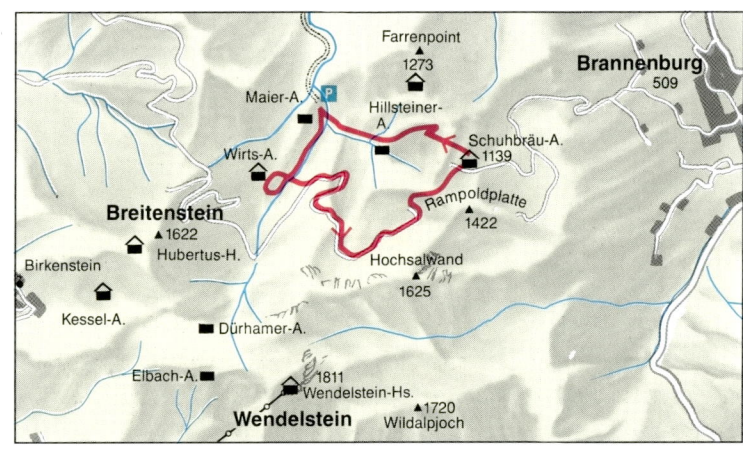

kürzers. Nun rechts über eine Brücke und auf der Forststraße über die bewaldete Kuppe des Reinock Richtung Schloßalm und im Linksbogen bis unter den höchsten Punkt der Rampoldplatte. Wir verlassen nun den breiten Weg und steigen über einen schmalen, etwas verwachsenen Bergweg zuerst durch Wald, dann über Almwiesen hinauf auf die Nordwestseite der Rampoldplatte. Von dort oben – unter all dem versammelten Almvieh – bietet sich ein hervorragender Blick nicht nur auf Wendelstein und Breitenstein, sondern über die bewaldeten Vorberge hinaus auf die Ebene. Ein Stück nun hinab zur Rampoldalm und von dort über Almwiesen weiter hinunter zur bereits sichtbaren Schuhbräualm, wo wir uns die Einkehr sicher nicht entgehen lassen. An der Schuhbräualm dann links vorbei und auf breitem Almweg seitlich am Mitterberg vorbei (dem wir natürlich auch einen kurzen Besuch abstatten können, denn er ist in wenigen Minuten über seine freien Hänge zu ersteigen). Auf seiner Westseite verzweigt sich der Weg, und wir haben die Möglichkeit nun links hinab zur Antretteralm bzw. rechts noch ein Stück um den Mitterberg zu wandern und dann links hinab zur Hillsteiner Alm abzusteigen, wo wir wieder auf die Variante über die Antretteralm treffen. Von dort führt uns dann ein breiter Almfahrweg hinaus zum Parkplatz.

Oben: Reizvoller Blick auf den Wendelstein aus dem Jenbachtal.

Unten: Wegweiser oberhalb der Antretteralm.

11 Wendelstein

Kurzinformation

Höchster Punkt: Wendelstein, 1838 m.
Anfahrt: Auf der Salzburger Autobahn bis zur Ausfahrt Weyarn, dann auf der Landstraße über Miesbach, Schliersee Richtung Bayrischzell bis Osterhofen, zur Talstation der Wendelsteinbahn. Dort großer Parkplatz.
Zeitdauer: Für den 2 km langen Panorama-Rundweg auf dem Wendelstein benötigen wir etwa 1 Std., für den Abstieg nach Osterhofen 2 Std.; insgesamt: 3 Std.
Schwierigkeit: Der Gipfelrundweg ist gut angelegt und mit Geländer gesichert, der Anstieg von der Bergstation erfolgt dabei auf zahlreichen, in den Fels geschlagenen Treppen. Der Abstieg nach Osterhofen erfolgt zuerst auf Bergsteig, dann auf Fahrstraße.
Einkehr: Das Wendelsteinhaus bei der Bergstation der Seilbahn ist ganz-

Der Wendelstein ist ein markanter Gipfel, von weitem sichtbar und denkbar gut „erschlossen". Von Brannenburg führt eine bereits über hundert Jahre alte Zahnradbahn, von Osterhofen eine Kabinenbahn bis knapp unter seinen Gipfel. Wer Lust auf eine aufregende Rundtour hat, kann beide Bahnen benützen und mit dem Verbindungsbus die jeweils gegenüberliegende Talstation wieder bequem erreichen. Aber selbst wenn wir nur eine schnelle Auffahrt planen, bleibt auf dem Gipfel noch genügend zu tun: Es gilt den über zwei Kilometer langen Gipfelrundweg samt Alpenlehrpfad zu erkunden, das Wendelsteinkircherl zu besuchen und in die großartige Wendelsteinhöhle einzudringen, um einiges über das Innere des Berges zu erfahren. Also genug zu tun, packen wir's an.

Nachdem all diese Eindrücke und dazu die hervorragende Aussicht, die der exponiert stehende Wendelstein bietet, genossen sind, kann man von den Höhen Abschied nehmen. „Hinuntergondeln" oder, falls man gleich auch noch die Wanderschuhe testen will, talwärts

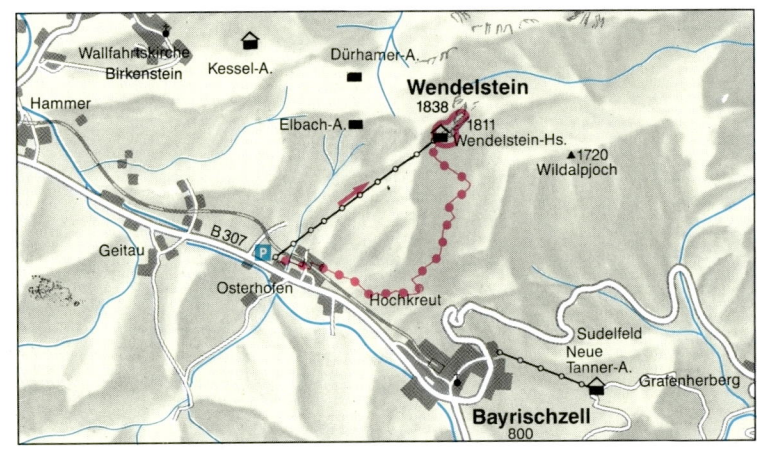

wandern auf gutem und gut markiertem Wanderweg. Mit „B1" und roten Farbflecken versehen führt der Weg, der Bestandteil eines geologischen Lehrpfades ist, in etwa zweistündiger Gehzeit über die bewirtschaftete Wendelsteinalm (hier lohnt sich, noch einmal genüßlich Rast abzuhalten) hinab nach Osterhofen, wo der voralpine Ausflug seinen Anfang nahm.

Hand aufs Herz: Es könnte nichts besseres geben als so eine Wanderung, um den Tag zu beschließen.

jährig bewirtschaftet. An der Talstation findet sich das Alpenhotel.

Karte: Topographische Karte 1:50000 „Mangfallgebirge" (BLVA).

Und nach der Tour: Bereits auf der Tour haben wir die Möglichkeit, die geologisch interessante Wendelsteinhöhle zu besuchen (Eingang etwas unterhalb der Bergstation auf der Ostseite). In Bayrischzell und in Fischbachau finden sich dann noch Freibäder. Südlich von Fischbachau liegt der reizvolle Wolfsee mit Bade- und Campingmöglichkeit.

Aus dem Leitzachtal zeigt sich der Wendelstein von seiner attraktivsten, formschönsten Seite. Die Bergstation der Seilbahn liegt rechts unterhalb des Gipfels. Deutlich sichtbar auch der Sendemast des Bayerischen Fernsehens.

12 Obere und Untere Firstalm

Kurzinformation

Höchster Punkt: Obere Firstalm, 1375 m.
Anfahrt: Über Miesbach und Schliersee zum Spitzingsattel, 1127 m. Dort großer Parkplatz.
Zeitdauer: Knapp 2 Std. für die gesamte Rundtour.
Schwierigkeit: Spazierwege.
Einkehr: Obere und Untere Firstalm sind ganzjährig bewirtschaftet (Untere Firstalm Freitag Ruhetag).
Karte: Topographische Karte 1:50 000 „Mangfallgebirge" (BLVA).

Rechte Seite: Obere und Untere Firstalm mit Brecherspitz.

Skifahrern ist die Untere Firstalm am Spitzingsee durch den alljährlich stattfindenden Skifasching ein Begriff. Doch das Gebiet um den Spitzingsee hat nahezu das ganze Jahr über Saison. Und die Untere wie die Obere Firstalm gehören zu den besonders beliebten Kurzwanderzielen in den südlichen Schlierseer Bergen. Gerade als Eingehtour für einen Ausflug mit den „Kleinen" bietet sich diese Rundwanderung auf breiten und bequemen Wanderwegen geradezu an, sind doch nur minimale Höhenunterschiede zu bewältigen und die Einkehr bei einer der beiden Almen eine willkommene Abwechslung.

Vom Parkplatz am Spitzingsattel gehen wir zuerst rechts auf dem breiten Trautweinweg (der nach dem bereits legendären Führer-Autor Trautwein benannt ist, dessen mehrbändiges Werk über die Ostalpen jahrzehntelang Bestand hatte) durch schattigen Wald in leichter Steigung hinauf zur Oberen Firstalm unterhalb des Freudenreichsattels, wo wir unsere erste Einkehr einlegen können, bietet sich doch von hier oben eine besonders gute Aussicht über das Spitzingseegebiet. Bergwanderer mit etwas mehr Zeit starten hier ihren Aufstieg zum etwas anspruchsvolleren Brecherspitz oder zur behäbigen Bodenschneid. Ein gut angelegter – zum Teil mit Stufen versehener – Wanderweg führt uns dann in wenigen Minuten hinunter zur Unteren Firstalm. Auf dem Fahrweg oberhalb des Firstgrabens schlendern wir dann hinaus Richtung Spitzingsee. Kurz vor Erreichen des Sees nehmen wir links die Fahrstraße, die uns wieder hinauf zum Spitzingsattel und damit zum Ausgangspunkt unserer kleinen Runde bringt. Falls wir jedoch eine Abneigung gegenüber asphaltierten Straßen haben, bleibt immer noch die Möglichkeit, den Rückweg über die Obere Firstalm anzutreten. Da uns das Wasser des Spitzingsees ganz sicher für eine Erfrischung zu kühl sein wird, fahren wir anschließend hinunter an das Südufer des Schliersees, wo uns ein paar Liegewiesen erwarten, oder in den Ort Schliersee zur Badeanstalt.

13 Rotwand

Höchster Punkt: Rotwand, 1884 m.
Anfahrt: Über Miesbach, Schliersee und Fischhausen-Neuhaus bis zur Spitzingseestraße, über den Spitzingsattel und jenseits hinab zur Talstation der Taubensteinbahn. Dort mehrere Parkplätze.
Zeitdauer: Übergang von der Bergstation zum Rotwandhaus 1¼ Std., Abstecher auf die Rotwand ½ Std. Abstieg zum Spitzingsee 2¼ Std.; insgesamt: 4 Std.
Schwierigkeit: Breite Wanderwege und Almfahrwege.
Einkehr: Restaurant in der Bergstation der Gondelbahn. Rotwandhaus (ganzjährig bewirtschaftet).
Karte: Topographische Karte 1:50 000 „Mangfallgebirge" (BLVA).
Und nach der Tour: Am Schliersee zwei Badeanstalten und die Liegewiese am Südufer des Sees.

Für die Münchner gehört das Spitzingseegebiet zu den beliebtesten Bergwanderrevieren. Zu dieser Beliebtheit beigetragen haben sicherlich die zahlreichen bewirtschafteten Almen und Hütten in seinem Einzugsbereich. Eine Sonderstellung genießt dabei die Rotwand mit ihrem ganzjährig bewirtschafteten Unterkunftshaus. Und wer will sie schon verschmähen, die Taubensteinbahn, die uns dem immerhin 1884 Meter hohen Gipfel sehr schnell sehr nahe bringt.

Da unsere Wanderung erst auf einer Höhe von 1611 Metern beginnt, haben wir viel Zeit, um die Panoramastrecke zum Rotwandhaus zu bewältigen. Damit wir aber auch eine möglichst freie Sicht haben, steigen wir zuerst vom Taubensteinsattel auf einem felsigen Steig seitlich (links) am Taubenstein vorbei in einen kleinen Sattel. Falls wir trittsicher sind, statten wir hier dem Taubenstein (der seit Errichtung der Seilbahn zum selbständigen Gipfelziel avanciert ist) einen kurzen Besuch ab. Der Weiterweg stellt keinerlei Probleme dar. In nur mäßiger Steigung wandern wir zuerst in überwiegend freiem Gelände südwärts und queren unterhalb der Kammlinie den Lem-

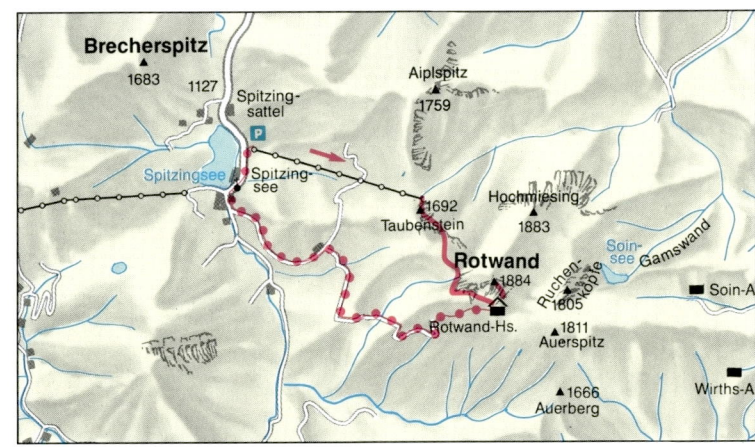

persberg. Ein Stück hinab, dann wieder hinauf zum Kirchsteinsattel, von dem aus wir bereits das Rotwandhaus im Blick haben. In weitem Rechtsbogen nun hinab zu dieser schön gelegenen Alpenvereinshütte, die übrigens mit einer Solaranlage ausgestattet ist und zu den Vorreitern bei dieser umweltfreundlichen Energieschöpfung zählt.

Der Anstieg zum Gipfel der Rotwand ist ebenfalls leicht: Wir gehen von der Höhe ein Stück den Anstiegsweg zurück und folgen dann den rechts abzweigenden, weiten Serpentinen hinauf zum Gipfel. Falls wir für die Rückkehr die Seilbahn nicht benutzen wollen, bietet sich ein schöner Abstiegsweg über die Wildfeldalm an, der uns ohne jede Schwierigkeit hinab zum Spitzingsee bringt. Von dort ist es nur ein kurzes Stück den Seeuferweg entlang zurück zum Parkplatz an der Taubensteinbahn.

Wer einmal mehr Zeit übrig hat, wird Lust verspüren, dieses beliebte Wanderrevier intensiver zu erkunden. Und hier und da wird er auch noch seine ruhigen Plätzchen finden. Empfehlenswert ist es in jedem Fall, einmal die zwar etwas langen, aber ruhigen Anstiege von der Ostseite, von Geitau bzw. aus dem Ursprungtal, zu versuchen. Oder man kann im Winter wiederkommen und sich an der berühmten Rotwandreibn versuchen.

Oben: Die letzten Meter auf dem Höhenweg, der die Bergstation der Taubensteinbahn mit dem Rotwandhaus verbindet.

Unten: Am Spitzingsee endet unsere Wanderung.

14 Von Tegernsee auf die Neureut

Kurzinformation

Höchster Punkt: Neureut, 1263 m.
Anfahrt: Auf der Salzburger Autobahn bis zur Ausfahrt Holzkirchen, dann auf der Landstraße über Gmund nach Tegernsee. Parkmöglichkeit im Ortszentrum.
Zeitdauer: Anstieg 2 Std., Abstieg 1¼ Std.; insgesamt: 3¼ Std.
Schwierigkeit: Zu Beginn Ortsstraße, dann steiler Treppensteig, im oberen Teil guter Wanderweg.
Einkehr: Das Neureuthaus ist ganzjährig bewirtschaftet (Montag Ruhetag).

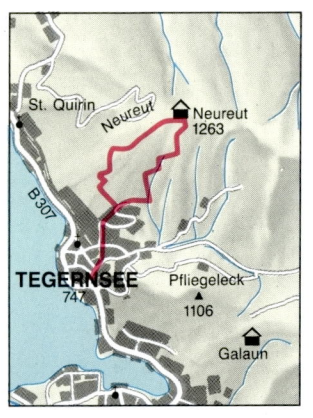

Der Tegernsee ist zwar der am stärksten „verbaute" See in den bayerischen Alpen, und die Ringstraße um den See hat schon manchen Autofahrer zur Verzweiflung gebracht, doch mit ein bißchen Energie haben wir gute Möglichkeiten, dem Trubel zu entfliehen. Eine davon ist die Wanderung auf die Neureut, einem reizvollen Fleck oberhalb des Ortes Tegernsee, auf der man zwar über Einsamkeit auch nicht wird klagen können, doch von dort oben erhält der Tegernsee zumindest wieder den Anschein von Idylle. Von der Terrasse der Gastwirtschaft verklären sich die Berge rundum zu überirdischen Gefilden.

Falls wir die Wanderung schon von München aus gemütlich angehen wollen, erreichen wir Tegernsee mit der Bahn und starten unsere Tour also am Bahnhof im Zentrum von Tegernsee. Ansonsten ist wohl das Herzogliche Bräustüberl beliebter Ausgangs- wie Endpunkt der Wanderung auf die Neureut. Durch Bahnhofstraße und Neureutstraße gelangen wir zuerst zur Volkshochschule; dort beginnt der steile Treppenweg hinauf zur Privatklinik Westerhof. Auf einer Fahrstraße weiter bis zum Waldrand, dann weiter auf dem Westerhofweg steil bergan. Bald münden der alte Sommerweg und der Bayernweg auf unsere Route (die genannten Wege können natürlich ebenfalls als Anstiegswege benutzt werden, da alle hinauf zur Neureut führen; man achte im Ort auf die jeweilige Ausschilderung). Ein Stück unterhalb der Neureut treten wir aus dem Wald auf eine Bergwiese und steigen auf dem Wiesenweg quer hinauf zur bereits sichtbaren Gastwirtschaft, wo uns eine kleine Kapelle und eine große Terrasse erwarten.

Den Abstieg bewältigen wir auf dem Anstiegsweg, wobei uns jedoch zahlreiche Varianten offenstehen.

Wenn eine davon besonders empfohlen sein soll, dann vielleicht diese: Statt sogleich abzusteigen, wandert man auf breitem Weg ostwärts Richtung Gindelalm, steigt auf markiertem Pfad sogar noch

bergan und erreicht den 1331 Meter hohen Gipfel der Gindelalm-schneid. Von dort aus geht es jenseits hinab zur Kreuzbergalm und von da auf einer Forststraße hinunter ins Alpbachtal. Nun schlendert man am Alpbach entlang talaus, genießt an heißen Tagen den Wald-schatten und beschließt die Wanderung mit einer gemütlichen Bum-melei, die mitten in Tegernsee ihr Ende findet.

Oben: Auf der Neureut präsentiert sich uns die gesamte Bergumrah-mung des Tegernsees.

Unten: Man achte auf den Ruhetag.

Karte: Topographische Karte 1:50 000 „Mangfall-gebirge" (BLVA).
Und nach der Tour: Bei einem Rundgang durch Tegernsee lassen sich so manche kleine Schätze ent-decken: wie die ehemalige Klosterkirche, das Ludwig-Ganghofer-Haus, das Olaf-Gulbransson-Museum.

15 Die Wallbergrunde

Am Südrand des Tegernsees gelegen, vermittelt der Wallberg nicht nur einen phantastischen Blick auf den See, sondern auch – dank seiner exponierten Lage – auf die umliegenden Berge. Da bis in Gipfelnähe eine Seilbahn die Ausflügler bedient, herrscht kein Mangel an Besuchern.

Kurzinformation

Höchster Punkt: Wallberg, 1722 m.
Anfahrt: Auf der Salzburger Autobahn bis zur Ausfahrt Holzkirchen, dann auf der Landstraße über Gmund, Bad Wiessee (bzw. Tegernsee) nach Rottach-Egern. Dort der Ausschilderung zur Wallbergbahn folgen. Großer Parkplatz.
Zeitdauer: Für den Abstecher zum Wallberg benötigen wir 1 Std., für die Abstiegsrunde 2½ Std.; insgesamt: 3½ Std.
Schwierigkeit: Breite Wanderwege, lediglich die letzten Meter am Wallberg-Gipfel setzen Trittsicherheit voraus.
Einkehr: An der Wallbergbahn. Das Wallberghaus im Sattel zwischen Wallberg und Setzberg ist von Ende Mai bis Ende Oktober bewirtschaftet.
Karte: Topographische Karte 1: 50 000 „Mangfallgebirge" (BLVA).

Am Weg zum Gipfel.

Wer prinzipiell etwas gegen Bergbahnen hat, kann den Wallberg natürlich auch auf Schusters Rappen ersteigen. Von der Talstation der Bahn führt ein breiter, schattiger Weg hinauf (2fi Std.). Von der Bergstation ist es dann nur noch eine halbe Stunde zum Gipfel. Zurück geht's auf gleichem Weg bis zur Bergstation, dann weiter hinab auf dem breiten Wanderweg zum Wallberghaus. Kurz vor dem Haus zweigt links der bequeme Wanderweg ab, der uns über die Almböden der Portnersalm und die Rottachalm hinab ins Rottachtal zur Mautstraße führt, die von Rottach-Egern in die Valepp führt. Auf einem Wanderweg, der einige Male die Straßenseite wechselt, gehen wir hinaus nach Enterrottach. Jenseits davon zweigt links ein Panoramaweg ab, der uns durch Wiesen und Wald zurück zum Ausgangspunkt an der Talstation der Wallbergbahn bringt.

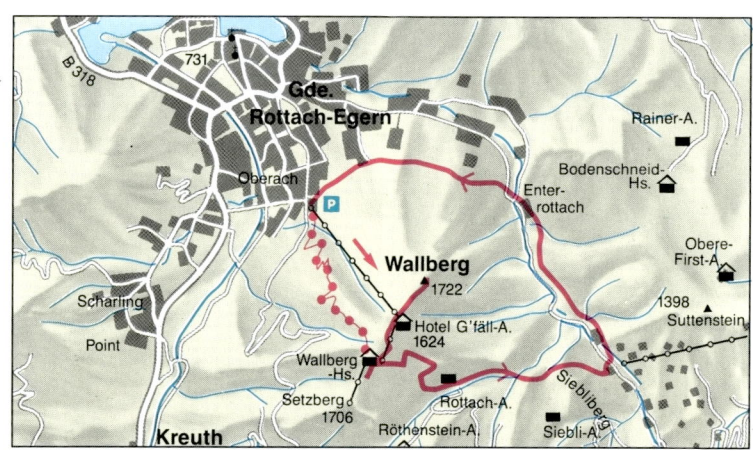

16 Siebenhütten und Wolfsschlucht

Von Wildbad Kreuth zur Siebenhüttenalm zu wandern, weiter sodann in die Wolfsschlucht und auf anderem Weg zurück zum Ausgangspunkt, das ist ein sehr gemäßigtes Unterfangen, kaum noch eine Wanderung, schon eher ein Spaziergang am Nordsockel des Blaubergkammes und im Reich des bayerischen Engels Aloisius. Ein Ausflug für jung und alt also, eine unschwierige Sache, dabei gewiß nicht ohne Reiz.

Kurzinformation

Anfahrt: Über Tegernsee nach Kreuth und 2 km weiter Richtung Achenpaß bis zum Wanderparkplatz „In der Langen Au".
Zeitdauer: Für Hin- und Rückweg 2 Std.
Schwierigkeit: Bequeme Almfahrwege.
Einkehr: Gaststätte Altes Bad in Wildbad Kreuth. Siebenhüttenalm, 836 m (von Mai bis Oktober bew., Dienstag Ruhetag).

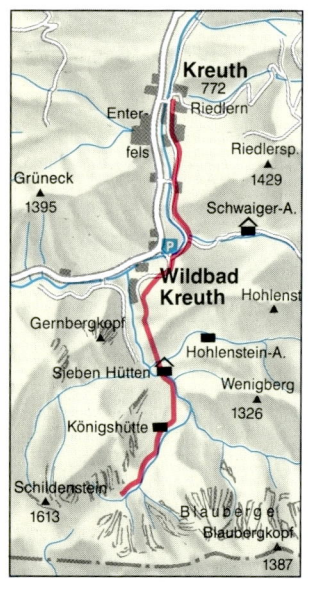

Dort, wo sich in schöner Regelmäßigkeit die führenden Mitglieder der Christlich Sozialen Union in Klausur begeben, dort, wo sie sitzen und tagen (und insgeheim und vergeblich auf die göttlichen Eingebungen warten, die ein Dienstmann namens Alois Hingerl, besser bekannt als Engel Aloisius, zu überbringen hätte), dort in Wildbad Kreuth nimmt unser Alpenspaziergang seinen Anfang. Ein ebener Weg führt durch lichten Wald südwärts zur Siebenhüttenalm, und wie langsam man auch immer gehen mag, nach einer halben Stunde ist dieser reizvoll gelegene Fleck erreicht. Man sollte sich, obwohl nun wirklich kaum verdient, hier Rast und Stärkung gönnen, eine bayerische Brotzeit unter weißblauem Himmel, den Tag genießen, die Landschaft, die Berge – und das Wissen, daß man heute nirgendwo hinaufsteigen muß, daß es eine Wanderung ohne Müh' und Plag' sein wird. Man lehnt sich ans sonnenwarme Holz der Almhäuser, schließt für ein paar Minuten die Augen, hört dem Bachrauschen zu und braucht nicht lange, um Ludwig Thomas Meinung zu teilen: „Je enger sich der Kreis von Ausgang und Ende schließt, desto stärker empfinde ich es, wie darin das beste Glück enthalten ist. Um mich ist Heimat. Und ihre Erde kann einmal den, der sie herzlich liebte, nicht drücken." Dann schlendert man noch ein Stück weiter, hinein in ein dicht bewaldetes Tal, das sich vor einem auftut und weit drinnen zur felsigen Schlucht wird, zur bei Wanderern so berühmten Wolfsschlucht, durch die ein gar nicht so ungefährlicher Anstieg zum Schildenstein hinaufführt.

Aber keine Sorge, es ist ein Bummeltag. Der schluchtartige Charakter des Tales soll uns nur Eindruck sein, Erlebnis an der Felsweißach, die irgendwo hinten in diesem Tal entspringt.

Der Rückweg führt linker Hand vorbei an der Siebenhüttenalm. Ein breiter Forstweg durchzieht üppigen Mischwald. Nach einer Dreiviertelstunde ist man wieder in Wildbad Kreuth.

Was also zählt bei dieser kleinen Tour, das sind nicht die Gehzeiten, sondern die Stunden und wie man sie im Vorgebirge erlebnisreich zu gestalten vermag.

Die bewirtschaftete Siebenhüttenalm am Weg zur Wolfsschlucht.

Karte: Topographische Karte 1:50 000 „Mangfallgebirge" (BLVA).
Und nach der Tour: Zum Strandbad in Tegernsee.

45

17 Aueralm und Fockenstein

Kurzinformation

Höchster Punkt: Fockenstein, 1564 m.

Anfahrt: Über Holzkirchen und Gmund nach Bad Wiessee. Am südwestlichen Ortsrand zweigt rechts die Straße zum Gasthaus Sonnenbichl ab, auf ihr 400 m, dann links weg, wo sich nach etwa 100 m ein Parkplatz befindet.

Zeitdauer: Anstieg zur Aueralm 2 Std, Gipfelrunde 1 Std., Abstieg über den Hirschtalsattel 2 Std.; insgesamt: 5 Std.

Schwierigkeit: Bis auf die Gipfelrunde am Fockenstein (z. T. felsiges, aber unschwieriges Gelände) und den Abstieg zum Hirschtalsattel bewegen wir uns auf Alm- bzw. Forstwegen.

Einkehr: Die Aueralm ist ganzjährig bewirtschaftet (Montag Ruhetag), im Winter nur an Wochenenden. Söllbachklause.

Karte: Topographische Karte 1: 50 000 „Bad Tölz – Lenggries und Umgebung" (BLVA).

Die bewaldeten Hügel westlich des Tegernsees sind – im Gegensatz zu den höheren Bergen an seinem Südende – nicht unbedingt ein Wanderdorado. Oberhalb von Bad Wiessee jedoch liegt ein „Muß" für jeden Bergwanderer: die Aueralm und der Fockenstein. Auf einem freien Wiesenbuckel steht die gemütliche kleine Hütte, und von ihrer Terrasse bietet sich uns ein Panorama aller Tegernseer Berge. Und für diejenigen, für die eine Wanderung einen Gipfelabschluß braucht, ist der Fockenstein genau das Richtige.

Vom Parkplatz am Eingang des Söllbachtals wandern wir zuerst eben auf asphaltiertem, dann unbefestigtem breiten Fahrweg talein. Lassen dabei links die Söllbachklause liegen, denn für eine Einkehr ist es noch zu früh. Nach zehn Minuten zweigt dann ein Almweg rechts ab. Auf diesem in steilen Kehren durch Wald hinauf, bis sich der Weg wieder etwas zurücklegt und wir die erste Aussicht genießen können. Gegenüber baut sich der Hirschberg auf und rechts dahinter erkennen wir den markanten Doppelgipfel des Roß- und Buchsteins. Der anstrengende Teil der Wanderung zur Aueralm ist nun vorbei, und

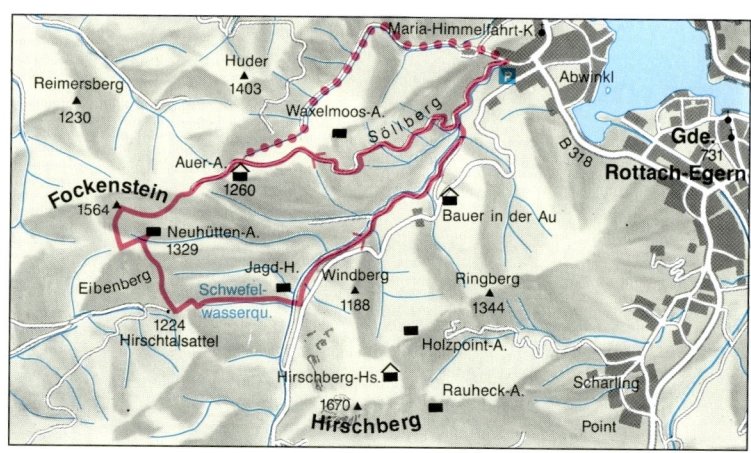

46

![Aueralm photograph]

wir steigen gemütlich weiter an, bis zur Kammhöhe des Söllbergs.
Dort links weiter zum Waldende, wo wir oberhalb der ersten Almwiesen die reizvoll gelegene Aueralm zu Gesicht bekommen. Im Linksbogen hinauf zu dieser, wo uns die erste verdiente Einkehr lockt.
Mancher wird auf der Terrasse die Tour abschließen wollen, denn das
Aufbrechen von diesem ansprechenden Ort ist schwer, und die Rückkehr auf dem gleichen Weg antreten. Wir wandern jedoch weiter und
folgen dem breiten Almfahrweg Richtung Neuhüttenalm. Nach etwa
zehn Minuten biegen wir rechts ab und steigen auf Pfad durch Hochwald steil an. Nach einem nur mehr sanft ansteigenden Stück steht
uns noch der Gipfelsturm über steile Bergflanken bevor.
Wir steigen dann über die schrofige Südwestflanke und den grasigen
Vorgipfel ab und wandern links hinab zum Neuhütteneck und zur
Neuhüttenalm. Der Abstieg zum Hirschtalsattel, 1224 m, führt dann
auf Feldweg über Bergwiesen und durch Wald. Vom Sattel nun Richtung Osten durch Wald hinab in den Stinkergraben, der seinen
Namen von den hier befindlichen Schwefelquellen hat. Bei der Holz-
stube treffen wir auf den breiten Fahrweg, der uns immer am Söll-
bach entlang hinausleitet bis nach Bad Wiessee, wobei wir uns eine
Einkehr in die Söllbachklause vermutlich nicht mehr verkneifen.

Oben: Aueralm.

**Unten: Westlich der
Aueralm lädt der
Fockenstein zu einem
Gipfelabstecher.**

Und nach der Tour:
Freibäder in Bad Wiessee,
Rottach-Egern, Tegernsee-
Ort und Gmund.

47

18 Zu den Schwarzen- tennalmen

Kurzinformation

Höchster Punkt: Schwar-
zentennalmen, 1027 m.
Anfahrt: Mit dem Auto
auf der Autobahn Mün-
chen–Salzburg bis Ausfahrt
Holzkirchen, weiter über
Gmund nach Bad Wiessee,
Ortsteil Abwinkl. Parkplatz
bei der Söllbachbrücke.
Mit der Bahn auf der Linie
München-Tegernsee. Ab
Tegernsee mittels Bus oder

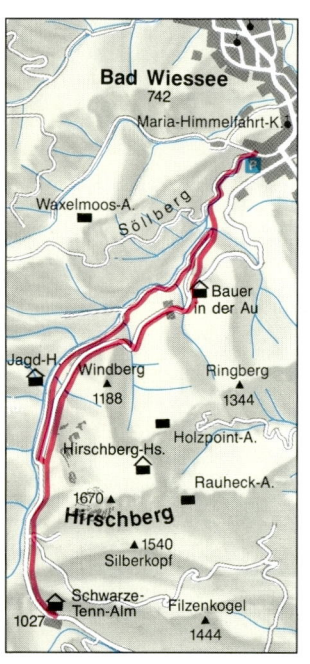

**Daß der Tegernsee von jeher Wahlheimat von Künst-
lern ist, denken wir nur an Thoma oder Gulbransson,
und daß er sich heutzutage als Kurort und Ausflugsziel größter Beliebtheit erfreut, das liegt nicht nur an
der reizvollen Landschaft und dem voralpinen Klima,
das liegt schon auch daran, daß es sich hier nach Her-
zenslust spazieren und wandern läßt. Die Berge rund
um den Tegernsee sind allesamt kleine Berühmthei-
ten: Wallberg, Hirschberg, Leonhardstein. Heute aber
soll einmal kein Gipfel das Ziel sein, sondern vielmehr
ein gemütlicher Weg zu Almen im Herzen der Tegernseer Berge.**

Am südlichen Ortsende von Bad Wiessee, in Abwinkl, schnürt man
die Wanderschuhe. Entlang des Söllbachs führt ein waldschattiger
Forstweg talein. Den nimmt man für den Hinweg; unverfehlbar zieht
er auf etwa neun Kilometern Länge zu den Schwarzentennalmen.
Rechter Hand tun sich die Kampen auf, zur Linken wandert man
gemächlich unter dem Hirschberg vorbei.
Es sind gerade zwei Stunden vom Ort bis zu den Almen, die auch mit
einem Berggasthof aufwarten können. Aber diese zwei Stunden Weg
erzählen viel vom Reiz der Tegernseer Berge. Alle typischen Merk-
male dieses Gebirges am Nordrand der Alpen sind hier zu erleben:
Die Bequemlichkeit der talnahen Wege und der Waldreichtum, von
dem sie gesäumt sind. Die Bäche und Wildwasser, die hier zum Er-
scheinungsbild gehören und die der Landschaft einen durchaus wild-
romantischen Charakter geben. Die Ausblicke auf grasige Berge, wo
Kühe weiden und bei deren Besteigung die größte alpinistische Gefahr darin läge, in einen frischen Kuhfladen zu treten. Aber auch auf
Berge, die zwar nicht allzu hoch sind, so doch mit felsigen Flanken
zum Ausdruck bringen, daß es sich um ernstzunehmende Ziele für
Bergfreunde handelt.
Für Ausdauernde böten sich von den Schwarzentennalmen Touren-
möglichkeiten genug: Hinauf zum Leonhardstein zum Beispiel oder

aber zu Roß- und Buchstein. Da es aber für dieses Mal ein beschaulicher Alpenspaziergang bleiben soll, beschränken wir uns auf den Weg zurück. Zunächst folgt man dem Anstiegsweg, bis nach etwa eineinhalb Kilometern bei der Luckengrabenalm rechts ein Forstweg abzweigt. Den schlägt man ein und wandert auf ihm zum Bauer in der Au, 904 m, der schon legendären Ausflugsgaststätte. Nach geradezu unverzichtbarer Einkehr ist der Rest Formsache: auf breitem Weg hinab nach Abwinkl, wo der Wandertag begann.

Fährschiff nach Bad Wiessee.

Zeitdauer: Für Hin- und Rückweg jeweils 2 Std.; insgesamt: etwa 4 Std.

Schwierigkeit: Gemütliche Vorgebirgswanderung.

Einkehr: Berggasthof Schwarzentennalm (ganzjährig geöffnet, von Oktober bis Mai Dienstag und Mittwoch Ruhetag). Beim Rückweg empfiehlt sich der Bauer in der Au als bekannte und beliebte Ausflugsgaststätte.

Karte: Topographische Karte 1:50 000 „Mangfallgebirge" (BLVA).

Und nach der Tour: Baden im Tegernsee. Oder ein Ruderboot leihen. Oder eine Schiffsrundfahrt machen.

Die abgelegenen Schwarzentennalmen lassen sich auf bequemen Wegen von zwei Seiten erreichen: von der Achenseestraße und von Bad Wiessee.

19 Roßstein und Tegernseer Hütte

Kurzinformation

Höchster Punkt: Roß-
stein, 1698 m.
Anfahrt: Über Gmund
und Bad Wiessee nach
Kreuth und weiter Richtung
Achenpaß. 700 m hinter
dem Gasthaus Bayerwald
Parkplatz.
Zeitdauer: Anstieg
2½ Std., der Roßstein-Gipfel liegt nur wenige Meter
oberhalb der Hütte. Abstieg
2 Std.; insgesamt: 4½ Std.
Schwierigkeit: Zum Teil
steiler, aber gut begehbarer
Bergsteig. Der direkte Hüt-
tenzustieg vom „Brotzeitfelsen" ist drahtseilgesichert.

Die Tegernseer Berge haben jenen liebreizenden
Charme, der bewaldeten, gelegentlich durch Almwiesen und freie Gipfelkuppen durchbrochenen Berg-
regionen zu eigen ist. Einige kleinere Felsgipfel – wie
der Blankenstein oder die Ruchenköpfe – geben ihnen
dabei noch einen alpinen Akzent. Der Doppelgipfel
Roß- und Buchstein gehört zu den Dritten im Bunde.
Wenn auch der Buchstein den Felsgeübteren vorbehalten ist, so bleibt doch noch der Roßstein als ein-
facher Wandergipfel; alle gemeinsam treffen sich
dann wieder auf der Tegernseer Hütte, die in expo-
nierter Lage im Sattel zwischen beiden Gipfeln liegt.

Wir beginnen unsere Wanderung am Parkplatz an der Straße Richtung Achenpaß und müssen zu Beginn ein recht „gaches" Stück
bewältigen. Der steile und schmale Bergwanderweg ist ausgeschildert
und führt uns zunächst durch ein schattiges Waldstück hinauf zu dem
Sonnbergalm-Niederleger auf 1144 Meter Höhe. Wir gehen dort
zwischen den Hütten durch und folgen jenseits weiter dem noch
steilen Steig durch den nun lichter werdenden Wald, bis wir die Alm-

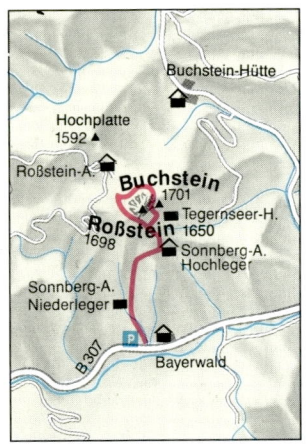

wiesen des Sonnbergs, einem freien Bergrücken vor dem eigentlichen Ziel, erreichen. Bereits hier bietet sich uns eine freie Sicht auf all die umliegenden Berge, wobei sich der keck aufrichtende Leonhardstein besonders bemerkbar macht. Links von der Alm steigen wir nun weiter über die freien Hänge bis zum sogenannten Brotzeitfelsen, wo sich die trittsicheren von den nicht schwindelfreien Wanderern trennen müssen. Erstere nehmen den rechts nach oben führenden leichten Klettersteig, der direkt hinaufführt zur Tegernseer Hütte, die weniger Geübten umrunden statt dessen im Uhrzeigersinn den Roßstein und steigen dann von Norden kommend hinauf zur Hütte. Von dort sind es nur noch wenige Meter zum Roßstein-Gipfel; Klettergewandte dürfen sich natürlich auch am Buchstein versuchen, der sich direkt hinter der Hütte steil in den Himmel reckt. Doch Vorsicht, der Fels ist schon ziemlich abgegriffen und glatt. Und trotz des nicht schwierigen Anstiegs stellt gerade die starke Ausgesetztheit des Geländes für die meisten Tatendurstigen das größte Hindernis dar.

Für den Rückweg nehmen wir den Anstiegsweg, doch gibt es auch die Möglichkeit, über das Schwarzenbachtal bzw. über die Röhrlmoosalm an unseren Ausgangspunkt zurückzukehren.

Oben: Von der Terrasse der Tegernseer Hütte bieten sich die umliegenden Berge wie aus der Vogelperspektive dar.

Linke Seite: Am Sonnbergalm-Hochleger.

Einkehr: Tegernseer Hütte (von Mitte Mai bis Mitte Oktober bewirtschaftet).
Karte: Topographische Karte 1:50 000 „Mangfallgebirge" (BLVA).
Und nach der Tour: Zum Baden an den Tegernsee.

Isarwinkel

Über dem Walchensee
erhebt sich der Joch-
berg mit seinen dicht
bewaldeten Flanken.
Am oberen Waldrand
befindet sich die häufig
besuchte Jocheralm.

20 Rechelkopf

Kurzinformation

Höchster Punkt: Rechelkopf, 1330 m.
Anfahrt: Über Holzkirchen bis zur Abzweigung Kreuzstraße; dort rechts, wo wir bald die Bahnlinie nach Tegernsee kreuzen; bei der nächsten größeren Abzweigung dann links Richtung Marienstein. Am Ortsende bei der Wegverzweigung wieder links; nach wenigen hundert Metern Parkmöglichkeit am Beginn der Forststraße.
Zeitdauer: Aufstieg etwa 2 Std., Abstieg 1½ Std.; insgesamt: 3½ Std.
Schwierigkeit: Bis zur Sigrizalm bequeme und angenehm schattige Forst- und Almfahrwege; der Gipfelanstieg erfolgt auf Pfadspuren.
Einkehr: Unterwegs keine. In Marienstein befindet sich die Gastwirtschaft „Roman-Stüberl".
Karte: Topographische Karte 1:50 000 „Bad Tölz – Lenggries und Umgebung" (BLVA).

Der Rechelkopf liegt ein wenig abseits der gängigen Bergwanderziele: Er gehört nicht so richtig zu den Tegernseer Bergen und nur mit Einschränkungen zu den Bergen des Isarwinkels – er hält sich also ein bißchen zurück. Doch dieser niedrige Gipfel kann mit einer bemerkenswerten Rundsicht aufwarten: über Bad Tölz hinweg auf das Brauneck und die Benediktenwand, auf Wetterstein und Karwendel, über die Tegernseer Berge und natürlich, dank seiner Randlage, hinaus ins flache Land – bei gutem Wetter bis zum Starnberger See.

Am Ortsende von Marienstein folgen wir der Asphaltstraße, die bald in eine Forststraße übergeht. Dieser folgen wir bis zum Waldrand, wo sie für den allgemeinen Verkehr gesperrt ist. Auf breitem Forstweg wandern wir dann durch schattenspendenden Wald nahezu eben direkt auf den Rechelkopf zu, wobei wir der Ausschilderung zur Sigrizalm folgen. Bald erreichen wir den munter plätschernden Plattenbach, dem wir nun eine Weile folgen. Seinem Lauf entlang finden wir immer wieder reizvolle Stellen, die sich gerade für Wanderer mit

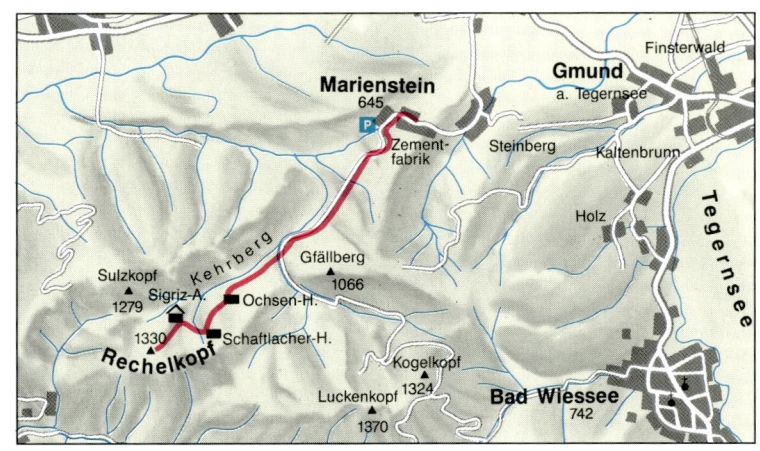

Kindern zu spielerischen Unterbrechungen eignen. Dort, wo sich der Weg wieder vom Bach löst, wird der Anstieg etwas steiler, jedoch ohne Mühe erreichen wir bald darauf die reizvoll am Nordosthang des Rechelkopfs gelegene Sigrizalm. Nun mehr ist es eine halbe Stunde bis zum Gipfel: Gleich hinter der Alm folgen wir den Pfadspuren über wenig steile Almwiesen – zuweilen auch ohne Wegspuren – hinauf zum Gipfel. Auf dem weglosen Kamm genießen wir erst mal den schönen Rundumblick, bevor wir wieder zur Sigrizalm absteigen. Für den weiteren Abstieg halten wir uns an die Aufstiegsroute.

Die Sigrizalm am Aufstieg zum Rechelkopf.

Und nach der Tour:
Zum Biergarten im Kloster Reutberg oder zu einem Badeabstecher an den Kirchsee.

21 Von Lenggries auf die Denkalm

Kurzinformation

Höchster Punkt: Denkalm, 970 m.
Anfahrt: Salzburger Autobahn bis zur Ausfahrt Holzkirchen, dann auf der Landstraße über Holzkirchen und Sachsenkam nach Bad Tölz (bzw. Garmischer Autobahn bis zur Ausfahrt Penzberg, dann über Penzberg und Bad Heilbrunn nach Bad Tölz); weiter auf der Landstraße nach Lenggries bis zur Ortsmitte. Dort Parkplatz.
Zeitdauer: Von Lenggries-Ortsmitte bis zur Denkalm 1 Std., für den Rückweg durch das Reiterbachtal 1¼ Std.; insgesamt: 2¼ Std.
Schwierigkeit: Zu Beginn befestigte Straße, dann Almfahrweg; der Rückweg erfolgt auf Wanderweg und Forststraße.
Einkehr: Denkalm, 970 m (von Anfang Juni bis Ende Oktober bewirtschaftet; Mittwoch Ruhetag). Mehrere Gaststätten in Lenggries.

Der alte Flößerort Lenggries mit seiner prächtigen Pfarrkirche gehört zu den Flecken, die einen ausführlichen Besuch verdient haben. Das dörfliche und bäuerliche Element ist noch in jeder Ecke spürbar. Blumengeschmückte Balkone, enge Gäßchen, Bauernhöfe mitten im Ort lassen auch im flüchtigen Besucher heimische Wärme aufkommen.

Wir beginnen unseren kleinen Streifzug an der Pfarrkirche, wo wir bereits einen kleinen Wegweiser zu unserem Ziel entdecken, biegen dort links in die Gebhartgasse, sodann gleich wieder rechts in die Gaissacherstraße ein. Vorbei an der Dorfschänke bummeln wir dann weiter durch die Bachmairgasse bis zum Dorfende. Bei der Wegverzweigung am kleinen Hang gehen wir rechts und gleich wieder links, dann weiter geradeaus, wo wir auf eine Metalltafel stoßen, die uns anzeigt, ob die Alm auch bewirtschaftet ist. Bei der Tafel halten wir uns rechts und nach den letzten Häusern schlendern wir durch schöne Bauernwiesen auf noch befestigter schmaler Straße geradewegs auf den Wald zu. Rechts oben spitzt der Geierstein mit seinem felsigen Haupt durch den ansonsten dichten Wald. Nach einer halben

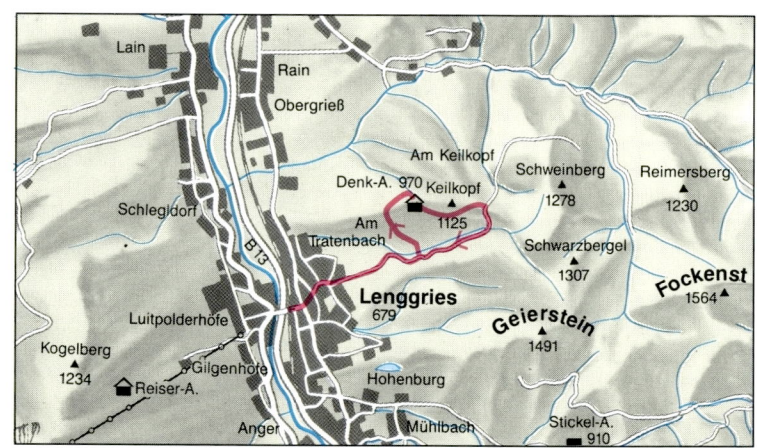

Stunde endet der ausgebaute Weg. Links haltend überqueren wir eine kleine Holzbrücke (bei der der Tratenbachweg von links einmündet) und steigen nun etwas steiler auf dem schmalen Almfahrweg durch Wald hinauf. Der Weg wird wieder flacher und zuweilen können wir bereits einen Blick ins Tal werfen. Nach einigen Kehren erreichen wir auch bald die aussichtsreich gelegene Alm, wo wir uns auf der Terrasse niederlassen können. Vor uns nun der freie Blick über Lenggries hinweg auf die Karwendelberge und auf das Brauneck.

Da wir nach dem eher kurzen Anstieg sicherlich noch Kräfte übrig haben, machen wir die Runde mit einem ausgedehnten Waldspaziergang komplett. Von der Denkalm steigen wir gleich rechts den Ziehweg steil hinauf, dann bei der Gabelung rechts und in den Wald hinein. Bald weist uns ein Schild links hinauf! Richtung Lenggries. Nun in einer weiten Kehre durch schönen Hochwald auf einen Sattel, etwas unterhalb des Keilkopfs. Jenseits hinunter und wieder hinauf bis zum höchsten Punkt unserer Tour. Dann aber geht's wirklich steil hinab zu einer querführenden Forststraße (½ Std. ab Alm). Rechts leicht fallend bis zu einem Holzlagerplatz und dort wieder rechts. Bald über eine kleine Steinbrücke und rechts den Bach entlang hinunter, bis wir wieder auf den Anstiegsweg treffen.

Blick über das weite Lenggrieser Tal auf Brauneck und Benediktenwand.

Karte: Topographische Karte 1:50 000 „Bad Tölz – Lenggries und Umgebung" (BLVA).
Und nach der Tour: Ozon-Hallenbad in Lenggries sowie ALPAMARE in Bad Tölz. Badestrände und Surfmöglichkeiten am Sylvensteinsee südlich von Lenggries.

22 Lenggrieser Hütte und Seekarkreuz

Die westlichen Ausläufer der Tegernseer Berge haben keine spektakulären Erhebungen; sie sind meist stark bewaldet und bieten nur im oberen Bereich gute Aussichtsmöglichkeiten. Das Seekarkreuz hat diesen Vorzug aufzuweisen. Überdies kommen wir dann noch in den Genuß einer ganzjährig bewirtschafteten Alpenvereinshütte. Und auf ihrer Terrasse zu sitzen und den Blick Richtung Westen schweifen zu lassen – das ergibt eine gute Perspektive.

Kurzinformation

Höchster Punkt: Seekarkreuz, 1601 m

Anfahrt: Über Holzkirchen und Sachsenkam nach Bad Tölz (bzw. Garmischer Autobahn bis zur Ausfahrt Penzberg, dann nach Bad Tölz); von dort zum südlichen Ortsende von Lenggries. Unser Ausgangspunkt befindet sich im Ortsteil Hohenburg, etwa 2 km von der Ortsmitte in Nähe der Schloßschänke. Parkmöglichkeiten entlang der Straße.

Zeitdauer: Zur Lenggrieser Hütte 2¼ Std., evtl. Anstieg zum Seekarkreuz ¾ Std. Abstieg über die Grasleite 2 Std.; insgesamt: 4¼ Std. bis 5½ Std.

Schwierigkeit: Zu Beginn breite Wirtschaftswege, dann Bergsteige; der Abstecher zum Seekarkreuz ist nur mit gutem Schuhwerk anzuraten. Der Sulzersteig ist streckenweise feucht.

Einkehr: Lenggrieser Hütte (ganzjährig bewirt-

Vom Parkplatz in Hohenburg gehen wir zuerst auf asphaltierter Straße Richtung Hirschtalsattel. Der daran anschließende unbefestigte Wirtschaftsweg führt uns dann durch Wiesen, bis wir nach 20 Minuten den Wald erreichen. Angenehm schattig steigen wir leicht an, bis wir nach weiteren zehn Minuten auf den Hirschbach treffen. Wir passieren eine Schranke und folgen dem rauschenden Hirschbach. Nach Querung von zwei kleinen Brücken, treffen wir auf eine dritte, vor der rechts der Sulzersteig abzweigt (Mark.-Nr. 612). Ihm folgen wir nun steil aufwärts durch Wald, wobei wir immer auf der rechten Seite des hier herabfließenden Baches bleiben. Durch Laub- und Nadel-

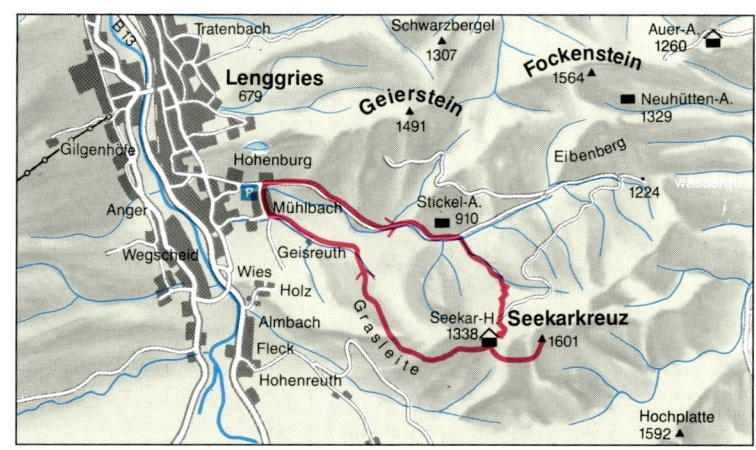

wald steigen wir höher, bis wir nach etwa zwei Stunden Gehzeit auf eine Almwiese treffen. Hier leitet uns ein Almfahrweg zuerst zur Seekaralm und weiter zur Lenggrieser Hütte auf der Westseite des Berges.

Falls wir einen Gipfelabstecher machen wollen, benutzen wir den links von der Hütte Richtung Osten führenden Weg, der sich bereits nach wenigen Metern verzweigt. Vorbei an der Jubiläumshütte steigen wir dann durch dichten Wald auf lehmigem Steig (die vielen Wegvarianten sollen nicht irritieren, sie führen alle nach oben) hinauf zu den freien Gipfelmähdern. In leichtem Linksbogen über den grasbewachsenen Kamm zum Gipfel mit Kreuz (und Gipfelbuch).

Den Abstieg zur Hütte bewältigen wir auf der Anstiegsroute. Für den Talabstieg wählen wir jedoch eine neue Route: Kurz vor der Hütte beginnt links ein gut angelegter, steiler Steig, der uns auf der Südseite des Grasleitenkopfs durch Wald hinunter Richtung Lenggries führt. Bei der Wegverzweigung, auf die wir nach einer halben Stunde Gehzeit treffen, halten wir uns rechts, verlassen nach einer guten Stunde den Wald und wandern auf Steig und über Feldwege hinab. Hinter dem Tradln-Anwesen treffen wir dann auf die asphaltierte Fahrstraße, der wir bis zum Ausgangspunkt folgen.

Wild wuchernde Sumpfblumen auf der Seekaralm, unterhalb des Seekarkreuzes.

schaftet, von November bis Mai Dienstag Ruhetag).
Karte: Topographische Karte 1:50 000 „Bad Tölz – Lenggries und Umgebung" (BLVA).
Und nach der Tour: In Bad Tölz bieten sich das ALPAMARE für erlebnishungrige Wassersportler sowie die reizvolle Altstadt zur Besichtigung an.

23 Brauneck

Kurzinformation

Höchster Punkt: Brauneck, 1555 m.
Anfahrt: Über Holzkirchen und Sachsenkam
nach Bad Tölz (bzw. auf
der Garmischer Autobahn
bis zur Ausfahrt Penzberg,
dann nach Bad Tölz); wei-
ter auf der Landstraße nach
Lenggries bis zur Ortsmitte,
dort der Ausschilderung zur
Brauneckbahn folgen (etwa
1 km ab Ortsmitte). Großer
Parkplatz.
Zeitdauer: Von der Bergstation über das Brauneckhaus zur Kotalm knappe
2 Std., für den Abstieg zur
Talstation1½ Std.; insge-
samt: 3½ Std.
Schwierigkeit: Breite,
z. T. steile Wanderwege,
der Übergang von der Bay-
ernhütte über die Florianshütte zur Kotalm erfolgt auf
schmalem Steig.
Einkehr: Brauneckhaus,
Tölzer Hütte, Quengeralm,
Strasseralm, Bayernhütte,
Florianshütte und Kotalm
sowie zwei Gasthöfe in
Nähe der Brauneckbahn-

Knapp zehn Hütten und Almen versorgen den Bergwanderer am Brauneck mit Speis' und Trank, bei einigen besteht sogar Übernachtungsmöglichkeit. Beweis
genug, daß dieser östliche Teil der Benediktenwandgruppe der beliebteste Berg des Isarwinkels ist. Und
er gehört auch zu den schönsten Aussichtsbergen:
Der Blick reicht vom Voralpenland bis zum Karwendel
und zu den Tegernseer Bergen. Nur im Westen baut
sich die etwas höhere Benediktenwand auf. Die Gondelbahn von Lenggries erspart uns den Aufstieg und
lockt statt dessen mit einem gemütlichen Wandern
bergab.

Von der Bergstation der Seilbahn steigen wir zuerst auf breitem Weg
hinauf zum Brauneckhaus und zum eigentlichen Gipfel knapp ober-
halb.Von dort gehen wir bequem Richtung Westen auf der Kammhöhe, dann leicht hinab zur Umsetzstation, kurz vor dem felsigen
Schrödelstein. Von dort links hinab, bis wir auf dem von links kom-
menden Panoramaweg stoßen. Auf ihm weiter zur schön gelegenen
Tölzer Hütte und weiter zur Quengeralm und zur Strasseralm, die alle

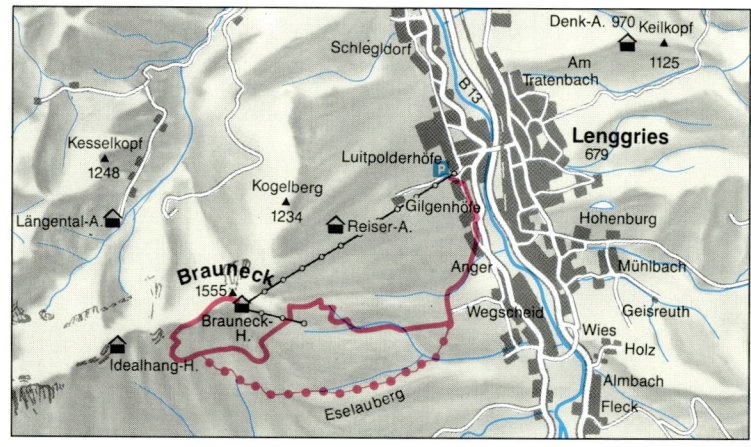

60

zur Einkehr laden. Auf dem breiten Fahrweg etwas steil hinunter zur aussichtsreichen Bayernhütte, wo wir bald den breiten Weg verlassen. An der ersten Kurve wenige Minuten unterhalb führt links ein schmaler Pfad hinüber zur Florianshütte. Vor der Hütte links steil den freien Hang hinauf, oben ein kurzes Stück nach links, dann jenseits der Kammhöhe auf schmalem Pfad hinab zur bereits sichtbaren Kotalm, die sich so richtig zur Rast anbietet. Vielleicht nutzt man solch' eine Rast auch einmal, um sich Lenggries als einem Flößerdorf zu entsinnen, zu Zeiten, als die Isar in dieser Gegend noch ein richtiger Fluß gewesen ist und kein trauriger Bach, dem alle Wildheit durch Kraftwerksnutzung und Speichersee genommen wurde. In einem Bericht von 1873 ist zu lesen: „Der wesentlichste Betrieb der Einwohner ist die Flößerei … manche halten in München an, andere fahren die Donau hinab bis Wien oder gar Ungarn." Ob es bessere Zeiten waren? An einem Tag wie diesem möchte man es fast meinen. Von der Kotalm geht's dann auf dem Almfahrweg durch Wald hinab, bis zum Fuß der Skilifte. Dort links auf dem Wiesenweg und Fahrweg zu den ersten Häusern von Lenggries. An prächtigen Bauernhäusern vorbei schlendern wir auf schmaler Asphaltstraße zurück zur Talstation der Seilbahn.

Talstation (alle während der Wandersaison bzw. ganzjährig geöffnet).
Karte: Topographische Karte 1:50 000 „Bad Tölz – Lenggries und Umgebung" (BLVA).
Und nach der Tour: In Lenggries befindet sich ein privates Tiermuseum mit über 1000 präparierten Tieren bzw. Vögeln (Bergweg 12, täglich von 10 bis 16 Uhr).

Blick über den Kirchstein hinweg auf die Achselköpfe und die Benediktenwand.

24 Blomberg und Zwiesel

Ob Blomberg und Zwiesel richtige Berge sind? Wo sie doch nicht viel höher sind als 1200 und 1300 Meter? Ob es sich doch vielleicht nur um waldige Voralpenhügel handelt?
Weit gefehlt. Die Aussicht ins richtige Gebirg ist grandios, das Wandern beschaulich, die Einkehr verlockend und die Sommerrodelfahrt, so man sich traut, eine Riesengaudi zum Schluß. Wer möchte noch länger daran zweifeln, daß Blomberg und Zwiesel einen Ausflug wert sind?

Kurzinformation

Höchste Punkte: Blomberg, 1248 m, und Zwiesel, 1348 m.

Anfahrt: Über Salzburger Autobahn bis Ausfahrt Holzkirchen, dann weiter nach Bad Tölz. Auf der Umgehungsstraße Richtung Kochel. Etwa 3 km westlich von Bad Tölz erreicht man den großen Parkplatz der Blombergbahn.

Zeitdauer: Für den Aufstieg vom Parkplatz zum Zwiesel sollte man 2 bis 2½ Std. einplanen. Der Abstieg vom Gipfel zur „Sommerrutschn" erfordert etwa 1 Std.; insgesamt: 3½ Std. (Wer aufs Rodeln verzichtet und ganz hinunter wandert, braucht ½ Std. länger.)

Schwierigkeit: Breite Wanderwege, leicht begehbar. Lediglich in Gipfelnähe ist etwas Trittsicherheit im Wiesengelände vonnöten.

Einkehr: Das Blomberghaus, 1203 m, ist ganzjährig bewirtschaftet.

Gleich bei der Talstation der Blombergbahn teilen sich die Wege: Wählt man den rechten, so erreicht man das Blomberghaus über breite, gemächlich ansteigende Forststraßen. Hält man sich links, so entscheidet man sich für den steileren, kürzeren, in der Regel auch schnelleren Weg hinauf in die Region der Voralpengipfel.

Vom Blomberghaus, das man nach 1 bis 1½ Stunden erreicht hat, führt der Weg zunächst als Forststraße nach Westen zur Kotlache, wo ein Steig nach Süden abzweigt. Anfangs durch Wald, bald durch freies Almgelände, gelangt man zum Gipfel des 1348 Meter hohen

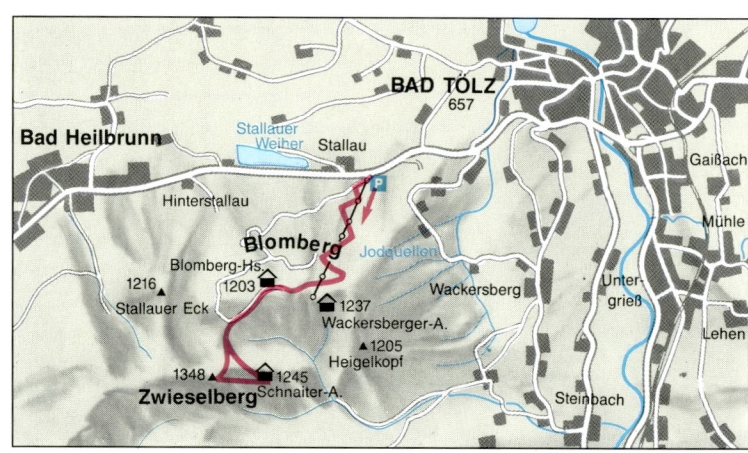

Bad Tölz im Isarwinkel hat sein „Gesicht" noch gut bewahrt. Blomberg und Zwiesel, gleich um die Ecke gelegen, gelten als die Hausberge der Bad Tölzer.

Unten: Weidende Schafe am sonst nicht so stillen Blomberg.

Karte 1:50 000 „Bad Tölz – Lenggries und Umgebung" (BLVA).
Und nach der Tour: Ein Besuch im Bad Tölzer Wellenbad ALPAMARE ist zwar teuer, aber das Erlebnis lohnt sich. Und wem dann noch etwas Zeit bleibt, der sollte nicht versäumen, durch die Tölzer Marktstraße und die abzweigenden Gäßchen zu bummeln.

Zwiesels. Vom Blomberghaus bis hier herauf ist es gerade mal eine gute halbe Stunde – viel länger wird man nun verweilen wollen, um den ganz eigenen Reiz der Bayerischen Voralpen auszukosten. Der Abstieg führt zurück zum Blomberghaus. Dann auf dem steileren Weg (Bezeichnung 461) hinab Richtung Talstation der Seilbahn. Aber allzuweit geht man jetzt nicht. Bei der „Mittelstation" des Sessellifts können Kunststoffrodel entliehen werden. Auf der 1200 Meter langen Sommerrodelbahn ist die Abfahrt ins Tal eine Riesengaudi. Freilich nur, wenn man's nicht zu rasant angehen läßt…
Wer lieber ausgiebig wandert als rasant rutscht, der kann eine Variante begehen. Von der Bergstation des Sessellifts auf einem Höhenrücken südwärts zum Gipfelkreuz des Heiglkopfes (1205 m). Ein markierter Wanderweg führt dann in südlicher Richtung zunächst im Wald talwärts. Wo das Gelände freier wird, hält sich der Weg allmählich nach Osten, nach einer Dreiviertelstunde ist die beliebte Ausflugsgaststätte „Waldherralm" erreicht. Eine reizvolle Talwanderung führt nun durch Wiesen und Felder zum „Quellenwirt". Nun folgt man ein Stück einer wenig befahrenen Straße; wo die sich scharf rechts wendet, zweigt links ein Weg zur Blombergbahn ab.

25 Staffel

Kurzinformation

Höchster Punkt: Staffel, 1532 m.
Anfahrt: Über Bad Tölz nach Lenggries; weiter über Wegscheid nach Jachenau. Abzweigung nach Niggeln beim Gasthaus Friedeln.
Zeitdauer: Anstieg etwa 3 Std.; Abstiegswege nach Fleck oder Niggeln 2 Std.; insgesamt: 5 Std.
Schwierigkeit: Für den Anstieg von Niggeln sind Orientierungssinn und eine Spürnase für die Wegfindung nötig. Der Abstieg nach Fleck ist eine Bergwanderung ohne nennenswerte Schwierigkeit.
Einkehr: Unterwegs keine. In Jachenau hingegen mehrere alte, urige Bauernwirtshäuser.
Karte: Topographische Karte 1:50 000 „Bad Tölz – Lenggries und Umgebung" (BLVA).
Und nach der Tour: Baden im Walchensee.

Rechte Seite: Abstieg vom Staffel.

Der Staffel gehört zu jenen Bergen der Bayerischen Voralpen, die etwas abgelegener und daher weniger besucht sind als beispielsweise ein Jochberg oder ein Herzogstand, ein Seekarkreuz oder ein Buchstein. Wandert man zu seinem Gipfel, so ist der Wegverlauf unspektakulär; was vorherrscht, ist Wald, was zählt, ist die Stille. Und schließlich lockt der Staffel ja auch mit einer wundervollen Gipfelsicht.

Der bezeichnete Weg vom Ausgangspunkt Niggeln führt zunächst in südöstlicher Richtung; bei einer Wegabzweigung hält man sich rechts. Immer in der Nähe des Raitgrabenbachs steigt man nun südwärts bergan und durch Wald in den Sattel zwischen Reineck zur Linken und dem Staffel rechter Hand. Von nun an wendet sich der Weg in südwestliche Richtung und erreicht nach einem weiteren waldreichen Abschnitt bei der Staffel-Hochalm gleichsam das Freie. Lichtes Gelände, Gipfelnähe, nur noch ein paar Minuten hinauf zum höchsten Punkt. – Im Abstieg wandert man zurück zur Staffel-Hochalm. Hier hält man sich nun rechts (westwärts) und wandert auf markiertem Steig hinab Richtung Jachenau-Fleck.

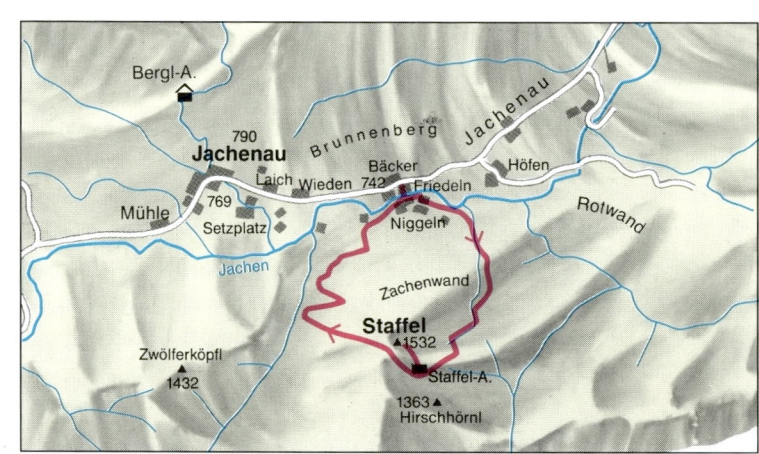

26 Jochberg und Jocheralm

Kurzinformation

Höchster Punkt: Jochberg, 1565 m.
Anfahrt: Garmischer Autobahn bis Ausfahrt Murnau/Kochel. Dann über Großweil nach Kochel und hinauf zum Kesselberg. Parkplätze an der Paßhöhe.
Zeitdauer: Anstieg 2 Std. Abstecher zur Jocheralm ½ Std. Abstieg zum Kesselberg 1¼ Std.; insgesamt: etwa 3¾ bis 4 Std.
Schwierigkeit: Schmale, aber gute Steige.
Einkehr: Jocher-Alm, 1381 m. Im Sommer bewirtschaftet.

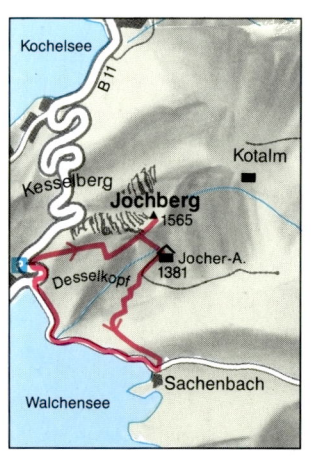

Der Jochberg ist vor allem wegen seiner herrlichen Aussicht berühmt und beliebt. Am Gipfel sitzend, läßt sich ein weiter Alpenbogen überschauen: Bayerische Voralpen und Rofangebirge, Karwendel und Estergebirge, Stubaier Alpen und Wetterstein. Nicht minder reizvoll ist der Blick ins Tal. Von Süden her glitzert der Walchensee herauf, dreht man sich um, schaut man nordwärts, dann liegt dem Jochberg der Kochelsee zu Füßen. Aber was sollen Worte – selbst muß man das gesehen haben.

Die Wanderung beginnt am Kesselberg, jener Paßhöhe von 850 Metern, die den Kochelsee vom Walchensee scheidet. Ein paar Treppen führen ostwärts in den lichten Mischwald; auf einem schmalen Bergsteig gewinnt man in angenehmer Steigung allmählich an Höhe. Etwa eine Stunde lang führt der Weg in Serpentinen empor, bis man nach rechts schwenkend eine Schulter im westlichen Ausläufer des Jochbergs gewinnt. Von nun an führt die Wanderung meist nahe an den schroffen Nordabbrüchen entlang. Das bietet reizvolle Aussichten, die freilich mit entsprechender Vorsicht genossen werden sollten. Bei einem Weidegatter verläßt man den Wald und tritt hinaus in die Wiesenhänge des Gipfelaufschwungs. Rechts zweigt ein Weg zur Jocheralm ab; später! Zuvor soll dem Jochberg ein Besuch abgestattet werden. Noch ist es eine Viertelstunde hinauf zum Kreuz, mit jedem Schritt werden die Ausblicke herrlicher, schließlich findet der Aufstieg nach etwa zwei Stunden in 1565 Metern Höhe sein Ende. Nach ausgiebiger Gipfelrast steigt man entlang des Anstiegsweges zurück bis zum Waldrand und hält sich hier links zur Jocheralm, wo man sich eine gute Bauernbrotzeit bestellen kann. Danach führt ein fast ebener Weg westwärts zur Schulter des Jochbergs und von da am Anstiegsweg in vielen Serpentinen zurück zum Kesselberg oberhalb des Walchensees.
Eine andere Möglichkeit ist die, von der Jocheralm direkt nach Süden zum Walchensee hinunterzuwandern. Man hält sich zunächst

auf der Forststraße Richtung Jachenau, bis rechts ein Steig abzeigt, der in vielen Serpentinen waldschattig hinunterführt nach Sachenbach. Die Bauernhäuser dieses Jachenauer Ortsteiles liegen fast unmittelbar am See. Wie bei einem langen Promenadenspaziergang schlendert man nun am Ufer entlang nach Urfeld; eine kleine, für Autos gesperrte Straße vermittelt den Weg. Wenn es sehr heiß ist, nimmt man an irgendeiner günstigen Stelle ein gewiß erfrischendes Bad in diesem Bergsee, wenn's kühler ist, dann läßt man es sein, wandert nur und genießt.

Der Anstieg führt durch schattigen Mischwald.

Karte: Topographische Karte 1:50 000 „Bad Tölz – Lenggries" (BLVA).
Und nach der Tour: Ein Bad im kühlen Kochelsee oder im geheizten TRIMINI.

27 Herzogstand

Kurzinformation

Höchster Punkt: Herzogstand, 1731 m.
Anfahrt: Auf der Garmischer Autobahn bis zur Ausfahrt Murnau/Kochel, dann auf Landstraße über die Kesselbergstraße nach Walchensee. Dort Parkplatz an der Talstation der Herzogstandbahn.
Zeitdauer: Anstieg ¾ Std.; Rückweg zum Herzogstandhaus und Abstieg durch den Lerchwald nach Walchensee 1¼ Std.; insgesamt: etwa 2½ Std.
Schwierigkeit: Breiter Wanderweg zum Gipfel,

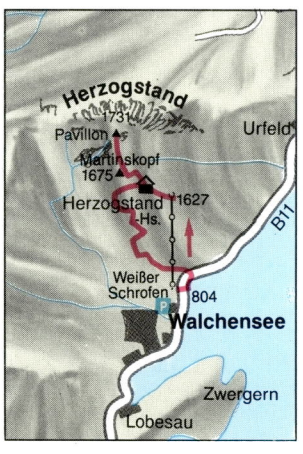

Die Tour auf den Herzogstand gehört zu den klassischen Unternehmungen im bayerischen Voralpenland. Und es ist durchaus legitim, mit der Gondelbahn hinaufzufahren, denn immerhin müssen wir zum eigentlichen Gipfel noch ein Stück Wegs zurücklegen. Berühmt ist bei schwindelfreien Bergwanderern die Überschreitung des Verbindungskammes hinüber zum Heimgarten. Wir begnügen uns heute jedoch mit einem bequemen Ausflug zum Aussichtspavillon auf dem Herzogstand, von dem aus sich ein großartiger Ausblick auf das Alpenvorland bietet, und anschließend statten wir noch dem Herzogstandhaus einen Besuch ab.

Von der Bergstation der Gondelbahn gehen wir auf breitem Weg nahezu eben hinüber zum Herzogstandhaus, wobei wir einen freien Blick auf den Walchensee und das dahinterliegende Karwendelgebirge genießen können. Vom Herzogstandhaus führt dann der Weg zunächst noch relativ eben unter dem Martinskopf hindurch bis an den Gipfelaufschwung des Herzogstands heran. Nun auf gut angelegtem Steig in weiten Serpentinen durch die latschenbewachsene Südseite hinauf zum Gipfelpavillon. Hier ist die Aussicht unvergleichlich: Im Norden erkennen wir das bayerische Seenland, im Osten stehen nah die Berge der Benediktenwandgruppe: Jochberg, Rabenkopf und die felsige „Benewand" selbst. Nach Süden tut sich ein eindrucksvolles Karwendel- und Wettersteinpanorama auf, und an klaren Tagen geben noch die dahinterliegenden Zentralalpengruppen einiges von ihrer Pracht preis. Und nach Westen schaut man über den langen Grat zum Heimgarten, dem abgelegenen Zwillingsbruder des Herzogstands.
Auf dem gleichen Weg kehren wir dann zurück zum Herzogstandhaus. Von dort führt ein steiler, aber gut begehbarer Bergsteig (Ausschilderung) durch Wald direkt hinunter zu unserem Ausgangspunkt bei der Talstation.

Oben: Blick auf den Walchensee.

Unten: Am Gratüber-gang zum Heimgarten.

steiler Bergsteig im Ab-stieg.
Einkehr: Das Herzog-standhaus (von Januar bis Oktober durchgehend be-wirtschaftet).
Karte: Topographische Karte 1:50 000 „Bad Tölz – Lenggries und Umge-bung" (BLVA).
Und nach der Tour: Zum Freilichtmuseum auf der Glentleiten (bei Großweil).

Karwendel

Herbststimmung am Lautersee westlich von Mittenwald. Links die Soiernspitze, rechts Wörner und Westliche Karwendelspitze.

28 Die Rontal-Tortal-Runde

Kurzinformation

Höchster Punkt:
Torscharte, 1815 m.
Anfahrt: Mit dem Auto
von München über Tölz
nach Lenggries. Weiter
über Fall nach Vorderriß
und Hinterriß.
Zeitdauer: Von Hinterriß
bis zur Rontalalm wandert
man etwa 1 Std.; hinauf
zur Torscharte braucht man
weitere 1½ Std. Der Ab-
stieg durchs Tortal erfordert etwa 2 Std.; ins-
gesamt: etwa 4 bis 5 Std.
Schwierigkeit: Alm- und
Bergwanderwege.
Einkehr: Unterwegs
keine. Wirtshäuser in
Hinter- und Vorderriß.
Karte: Topographische
Karte 1:50 000
„Karwendelgebirge" (BLVA).
Und nach der Tour:
Kleine Spaziergänge in
Hinterriß, der einzigen
ganzjährig bewohnten
Siedlung im Karwendel,
und in Vorderriß, wo
Ludwig Thoma Kindheits-
tage verbrachte.

Die meisten fahren durch Hinterriß durch. Denn die Straße führt noch weit hinein ins Herz des Karwendelgebirges, hinein in die Eng. Aber dort angekommen, muß man leider feststellen, daß dieses Herz ganz ordentlich krankt. Großparkplätze und Großgastronomie, von ursprünglicher Wildromantik keine Spur. Deshalb fahren Kenner nur bis Hinterriß. Dort nämlich beginnt eine Wanderung, die viel stiller und eindringlicher ins Wesen dieses Gebirges hineinführt.

Beim Zollhaus Hinterriß führt der beschilderte Rontalweg am Ufer des Ronbachs westlich talein. Bei einer Abzweigung rechter Hand nach Vordersbachau hält man sich weiter am südlichen Ufer des Ronbachs. Nach einer knappen Stunde überschreitet man den Bach auf einer Brücke und gelangt bald darauf zum offenen Gelände der Rontalalm. Vor dieser Alm sei eindringlich gewarnt: Wer sich zu Rast und Verweilen hinreißen läßt, wird nur noch hocken und staunen und das Wandern vergessen. Denn der Blick in die wilden Nordflanken von Östlicher Karwendelspitze und Vogelkarspitze ist einfach überwältigend. Über die offene Almfläche, dann durch Wald geht man auf den Tal-

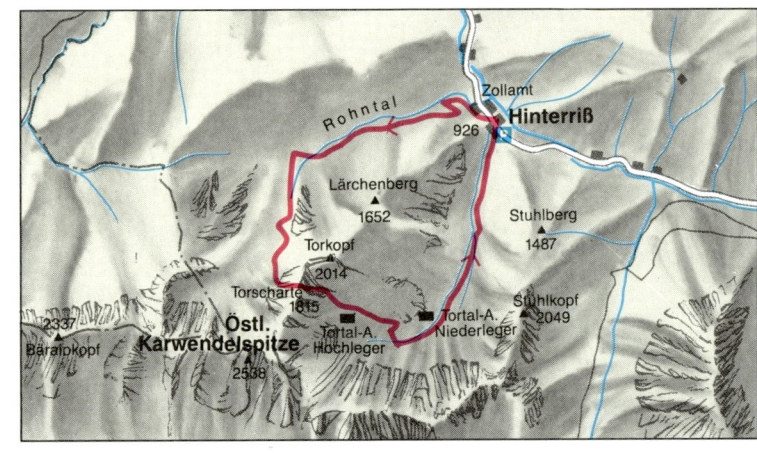

schluß zu, bis linker Hand ein Steig über Wiesen und Geröll in vielen kleinen Kehren hinaufführt. Von der Rontalalm bis zur 1815 Meter hohen Torscharte sind es etwa 1½ Stunden. Bei der Scharte führt der Steig ostwärts hinab ins Tortal. Zunächst steil abwärts zum Tortal-Hochleger, dann weiter hinab zu den Weideflächen der Tortalalm. Hier bilden die mächtigen Wandfluchten von Lackenkarkopf und Kuhkopf den eindrucksvollen Talabschluß. Ab der Alm verengt sich das Tal. Zunächst links, dann rechts vom Torbach führt der Weg meist waldgesäumt gemütlich talaus und zurück nach Hinterriß.

Über dem Rontal erhebt sich in majestätischer Größe die Östliche Karwendelspitze.

73

Rund um Garmisch-Partenkirchen

Vom Eckbauer auf dem Wamberger Rücken oberhalb von Garmisch lassen sich die Felsgipfel des Wettersteingebirges besonders gut bewundern.

29 Hoher Kranzberg und Lautersee

Kurzinformation

Höchster Punkt: Hoher Kranzberg, 1391 m.
Anfahrt: Auf der Autobahn von München nach Garmisch, dann weiter nach Mittenwald. Parkplatz am Obermarkt (Gebühr!).
Zeitdauer: Etwa 3½ Std. für die gesamte Rundtour.
Schwierigkeit: Spazierwege und problemlose Bergsteige.
Einkehr: Gasthaus St. Anton, 1223 m, bewirtschaftet von Weihnachten bis nach Ostern und von Pfingsten bis Allerheiligen (Sesselliftbetrieb ebenfalls nur zu diesen Zeiten). Kranzberghaus, 1350 m, vorwiegend Wochenendbewirtschaftung.
Karte: Topographische Karte 1:50 000 „Karwendelgebirge – Werdenfelser Land" (BLVA).
Und nach der Tour: Das Geigenbaumuseum in Mittenwald.

Rechte Seite: Unterwegs am Kranzberg.

Der westlich von Mittenwald gelegene Kranzberg wird mit seinen knapp 1400 Metern Höhe leicht übersehen. Dennoch ist die schöne Wanderung zu seinem Gipfel lohnenswert, bietet sich doch von dort oben ein faszinierender Rundblick auf die eindrucksvollen Felsberge wie z. B. die Wettersteinspitzen und die Westliche Karwendelspitze.

Am südwestlichen Ortsrand folgt man durch das Laintal der Beschilderung zum Lautersee. Bei der kleinen Badeanstalt an dessen Nordufer (etwa ½ Std.) zweigt dann ein Weg Richtung St. Anton und Kranzberg ab. Auf gutem Bergsteig erreicht man nach etwa einer Dreiviertelstunde die Ausflugsgaststätte St. Anton, unweit der auch die Bergstation des Sessellifts sich befindet, der von Mittenwald heraufführt. Nun wird der Weg wieder breiter, aber auch etwas steiler. Nach einer knappen halben Stunde ist das Kranzberghaus erreicht, nach wenigen Minuten steht man sodann am Gipfel mit seinem offenen Unterstandshaus. – Für den Abstieg empfiehlt sich entweder der Weg zurück nach St. Anton, von dort hinab zur Talstation des Sessellifts und nach Mittenwald oder die Verlängerung über den Ferchensee.

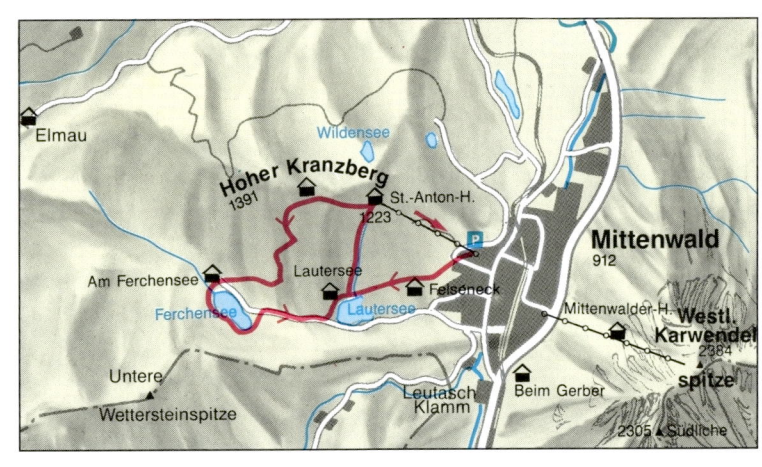

30 Wank und Ester-bergalm

Kurzinformation

Höchster Punkt: Wank, 1780 m.
Anfahrt: Mit dem Auto auf der Autobahn von München nach Garmisch und zum Ortsteil Partenkirchen, Parkplatz bei der Talstation der Wankbahn.
Zeitdauer: Für den Abstieg vom Wank zur Esterbergalm benötigt man etwa 1¼ Std.; für den Weg von der Alm zurück zur Talstation der Wankbahn ebenfalls etwa 1¼ Std.; insgesamt: 2½ Std.
Schwierigkeit: Der Abstieg zur Alm vollzieht sich auf guten Bergsteigen, die allerdings Trittsicherheit erfordern. Der Weiterweg von der Alm ins Tal verläuft dann auf einer Forststraße ohne Schwierigkeiten.
Einkehr: Wankhaus, 1780 m, bewirtschaftet von Weihnachten bis Ostern und von Anfang Mai bis Mitte November. Esterbergalm, 1264 m, ganzjährig bewirtschaftet.
Karte: Topographische

Der Wank gilt als vorzüglicher Aussichtsberg. Von Garmisch-Partenkirchen per Seilbahn mühelos erreichbar, breitet sich am Gipfel für den Betrachter ein großartiges Panorama aus: Zugspitze und Alpspitze, der Jubiläumsgrat, die Waxensteine, die Dreitorspitzen. Eines der prachtvollsten Schaustücke in den deutschen Alpen. Wendet man sich dann vom Gipfel nordwärts, steigt man hinab zur Esterbergalm, dann verliert der Tag an optischer Wucht, gewinnt an sanfter Voralpenidylle. Eine Bergwanderung bergab.

Die Kleinkabinenbahn bringt bequem hinauf zum Wank. Tausend Höhenmeter in wenigen Minuten. Ein Lob der Faulheit. Aber für die hier beschriebene Bergwanderung ist uns die Seilbahn gerade recht. Schon steht man also oben am Wank, 1780 Meter hoch, genießt die Ausblicke in die Bergwelt und die Einblicke in so manches alpine Geheimnis des Wettersteingebirges. Bei guter Thermik kann man von hier etliche Drachenflieger und Gleitschirmsegler beim Starten beobachten. – Es kostet Überwindung, sich loszureißen und die Wanderung zu beginnen. Denn es dauert nicht lange und die Eindrücke

Die Esterbergalm am Fuß des Hohen Fricken bietet ganzjährig Einkehr. Im Hintergrund ist der Große Krottenkopf zu sehen, die höchste Erhebung des gesamten Estergebirges.

wandeln sich grundlegend. Vom Wankhaus führt ein Weg (markiert W3) in nordwestlicher Richtung erst dem Bergrücken folgend, dann zur Esterbergalm hin abfallend, in eine andere Welt: Es dominiert nicht mehr der hochalpine Eindruck, man spürt, hier sind noch Voralpen, denen der große Ernst der felsigen Wettersteinberge fehlt. Je weiter man absteigt, desto mehr hält sich der Weg in östlicher Richtung. Nach etwa einer Stunde und 500 hinabgewanderten Höhenmetern trifft man auf den breiten Weg, der von Partenkirchen zur Esterbergalm, 1264 m, führt. Ihm folgen wir ein paar Minuten in östlicher Richtung, dann erreichen wir die ganzjährig bewirtschaftete Alm, die als ein Relikt aus alter Zeit zu uriger Brotzeit lädt. Alles ist hier geboten, was das Herz begehrt: eine einladende Alm samt dazugehöriger Kapelle, eine schöne Aussicht und das Gefühl, sämtliche Zeit der Welt zu haben.

Und wieder fällt es schwer, sich loszureißen. Doch der Weg hinab nach Partenkirchen will schließlich noch gegangen sein. Breit angelegt, zum Teil asphaltiert, oft aussichtsreich und immer angenehm führt er zur unbedingt sehenswerten Wallfahrtskirche St. Anton und zurück zur Talstation der Wankbahn.

Karte 1:50 000 „Karwendelgebirge – Werdenfelser Land" (BLVA).
Und nach der Tour: Die Besichtigung der Wallfahrtskirche St. Anton ist ein Muß, wird sie doch in allen Kunstführern als eine Perle des Werdenfelser Landes gepriesen. Empfehlenswert darüber hinaus: ein Besuch im Werdenfelser Museum, das mit Volkskunst, Bauernstuben und Weihnachtskrippen aufwartet (Ludwigstr. 47; an Wochenenden nur vormittags, sonst vormittags und nachmittags geöffnet).

31 Eckbauer und Partnachklamm

Kurzinformation

Höchster Punkt: Eck-
bauer, 1237 m.
Anfahrt: Auf der Garmi-
scher Autobahn bis
Eschenlohe, dann durch
Garmisch-Partenkirchen
Richtung Klais/Mittenwald.
Vor dem Ortsende rechts
zum Skistadion abbiegen.
Dort Parkplatz.
Falls wir mit der Bahn an-
kommen, vom Bahnhof zu
Fuß der Partnach entlang
zum Skistadion.
Zeitdauer: Skistadion –
Partnachklamm 1 Std.,
weiter über Vordergraseck
zum Eckbauer 1½ Std., Ab-

**Unter unseren Tagesausflügen stellt die Durchque-
rung der Partnachklamm sicher etwas Besonderes
dar. Sie ist so ganz anders als die üblichen Gipfeltou-
ren – fast schon ein bißchen wie eine Höhlenbefah-
rung mutet sie an. Anstatt von oben auf die Berge her-
abzuschauen, durchqueren wir ihre Tiefe, riechen das
Gestein, das Moos und die Feuchtigkeit, hören das
Tosen des Wassers, das nebenan durch die Enge
schießt, und zucken zusammen, wenn wir einen Trop-
fen ins Genick bekommen. An die relativ kurze
Klammdurchquerung schließt sich eine kleine Bergwanderung der klassischen Art an, die uns nicht nur
wieder ans Tageslicht, sondern sogar auf ein Gipfel-
chen und an mehreren Gasthöfen vorbei führt.**

Vom Olympischen Skistadion spazieren wir auf asphaltiertem Weg
zuerst partnachaufwärts. Bald endet die Asphaltstraße, und wir wandern auf einem breiten Fußweg bis zum eigentlichen Klammeingang.
Schon sind die Talwände viel enger aneinandergerückt. Nachdem wir
unseren Eintrittsobolus entrichtet haben, dürfen wir uns in die Enge
der Klamm zwängen. Der Weg ist in die Felswände gehauen; nur
zwei, drei Personen haben nebeneinander Platz und die Tunnel-
durchschlüpfe sind noch enger. Der „Gegenverkehr" kommt gerade
noch vorbei. Von oben tropft und rieselt das Wasser herab. Zwanzig,
dreißig Meter oberhalb sehen wir die Bäume und den Himmel durch-
schimmern.
Der Weg ist auf ganzer Länge mit einem Geländer gesichert. Wir
können uns genug Zeit zum Schauen und zum Fotografieren nehmen, denn die Klamm ist nicht sehr lang. In einer halben Stunde
haben wir sie leicht durchwandert. Am Südende treten wir am Zu-
sammenfluß der Partnach und des Ferchenbaches wieder in die
Sonne hinaus. Hier beginnt der „normale" Teil unserer Wanderung,
der uns über das Vordergraseck zum Aussichtspunkt Eckbauer führt.
Von hier können wir direkt zum Skistadion hinunterwandern, oder

wir können den längeren Weg über das Dörfchen Wamberg mit seinem hübschen Kircherl nehmen – oder natürlich mit der Seilbahn talwärts schweben. Wie immer: Planen wir keine Rückkehr durch die Klamm, so sollten wir uns einen Abstecher vom Vordergraseck zur Klammbrücke nicht entgehen lassen. Vom Hof steigen wir in einer Viertelstunde zur Brücke hinab, die die Klamm überspannt. Respektvoll schauen wir in die Tiefe und sehen die Menschlein im Dämmerlicht auf dem Weg, den wir vor kurzem selbst gegangen sind.

stieg über Vordergraseck und Klammbrücke 1fi Std.; insgesamt 4 Std. Falls wir für den Auf- oder Abstieg die Eckbauerbahn benützen, sparen wir 1 bis 2 Std. **Schwierigkeit:** Markierte und gut ausgebaute Wanderwege. Auch an Schönwettertagen empfiehlt sich für die Partnachklamm wegen des Tropfwassers ein leichter Regenumhang. **Einkehr:** Berggasthaus Eckbaueralm auf dem Eck-Gipfel, Gasthöfe am Vordergraseck.

Karte: Topographische Karte 1:50 000 „Karwendelgebirge – Werdenfelser Land" (BLVA).

Und nach der Tour: z. B. zum Baden ins nahegelegene Kainzenbad oder zum Entspannen, Rudern und Baden zum schön gelegenen Rießersee (mit reizvoller Wettersteinkulisse). Hier wurde übrigens 1920 der SC Rießersee gegründet, der dem Eislauf und Eishockey zu einer gewissen Popularität verhalf.

Die Durchwanderung der Partnachklamm gehört zu den spektakulären Unternehmungen rund um Garmisch-Partenkirchen.

32 Kreuzeck und Höllentalklamm

Kurzinformation

Höchster Punkt: Hupfleitenjoch, 1754 m.
Anfahrt: Auf der Autobahn von München nach Garmisch-Partenkirchen, dort Ausschilderung zur Kreuzeckbahn. Großparkplatz an der Talstation.
Zeitdauer: Vom Kreuzeck zur Höllentalangerhütte 2 Std. Durch die Höllentalklamm nach Hammersbach 1½ Std., zum Parkplatz ½ Std.; insgesamt: etwa 4 Std.
Schwierigkeit: Bis zum Hupfleitenjoch unschwierig, aber der Abstieg ins Höllental erfordert Trittsicherheit und Schwindelfreiheit. Der Weg durch die Klamm ist stellenweise feucht und finster – Taschenlampe und Regenumhang mitnehmen!
Einkehr: Das Kreuzeckhaus ist ganzjährig bewirtschaftet. Ferner: Höllentalangerhütte und Höllentaleingangshütte.
Karte: Topographische Karte 1:50 000 „Karwen-

Das Wettersteingebirge ist ein wildes Gebirge mit dominanten Felsbergen, langen gezackten Graten, einem Gletscher in der Nordflanke der Zugspitze und vielen Anstiegen, die jedes Bergsteigerherz höher schlagen lassen. So soll deshalb auch für diesen Tagesausflug ins Werdenfelser Land ein „wilder" Weg vorgestellt sein, eine Tour mit atemberaubenden Ausblicken und unvergeßlichen Eindrücken.

Zunächst freilich geht alles ganz gemütlich los. In Garmisch-Partenkirchen setzt man sich in die Gondelbahn und fährt hinauf zum Kreuzeck. Vor dem großartigen Zugspitzpanorama schlendert man nun eine knappe Stunde hinüber zum Hupfleitenjoch, mit einem viertelstündigen Umweg zum 1818 Meter hohen Schwarzenkopf. Denn von hier hat man einen großartigen Blick ins Höllental, zu den Waxensteinen, die sich vis-a-vis erheben, und natürlich zur Zugspitze, mit knapp dreitausend Metern Deutschlands höchstem Berg. Vom Hupfleitenjoch geht es in vielen, teilweise drahtseilgesicherten

82

Serpentinen hinab ins Höllental. Nach einer halben Stunde sind die Knappenhäuser erreicht, und man wird sich schwer tun, an dieser privat bewirtschafteten Hütte vorbeizuwandern: Allzu verlockend ist's, in solch großartiger Landschaft ein Stündlein zu sitzen. Wie dem auch sei: Der hier vorgeschlagene Weg führt weiter bergab, erreicht nach nochmals einer halben Stunde die Höllentalangerhütte, letzte Station vor einem furiosen Schluß. Man wandert talaus, erreicht die in den Fels gesprengten Tunnel und wandert nun durch die wild-romantische Höllentalklamm hinaus nach Hammersbach.

delgebirge – Werdenfelser Land" (BLVA).

Und nach der Tour: Wie wär's mit einer Abkühlung im Rießersee?

Wanderer am Abstieg vom Hupfleitenjoch ins Höllental.

33 Rund um den Eibsee

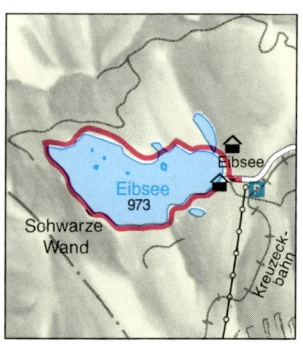

Kurzinformation

Höchster Punkt: Bei
etwa 1020 m Höhe.
Anfahrt: Auf der Autobahn München–Garmisch
bis Farchant; dort rechts ab
Richtung Ehrwald/Reutte.
Garmisch wird passiert,
und bald nach dem Ortsen-
de zweigt bei Breitenau
eine Straße nach Grainau
und Eibsee ab. Hier ge-
bührenpflichtiger Park-
platz.
Zeitdauer: Für die Umrundung des Eibsees ist mit
einer Gesamtgehzeit von
etwa 1½ Std. zu rechnen.
Schwierigkeit: Spazier-
wegcharakter.
Einkehr: Gaststätten am
Ausgangspunkt.

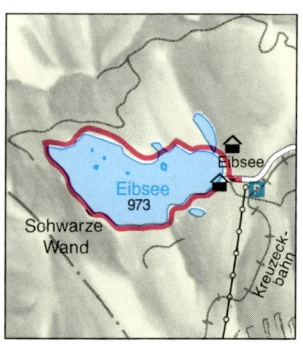

Der Eibsee und die Zugspitze – die gehören zusammen, werden oft im selben Atemzug genannt und verwundern kann das nicht. Unmittelbar über dem See
baut sich die 2000 Meter hohe Felsflanke der Zugspitze auf. Wer zum Gipfel hinauf will, besteigt am Eibsee
die Gondelbahn oder wartet am kleinen Bahnhof, auf
daß ihn die Zahnradbahn mit hinaufnehme auf fast
3000 Meter. Aber was wären die Berge ohne die
Täler. Deshalb hier ein beschaulicher Spaziergang.

Ausgangspunkt ist die Hotelsiedlung Eibsee unweit von Grainau. Es ist also keine Tour, für die man allzuviel Zeit braucht. Lediglich ein Spaziergang, den man so weit wie möglich ausdehnen sollte. Zunächst hält man sich auf schmaler Straße südwestwärts, schlendert am Frillensee und am Freibad vorbei und erreicht dann einen angenehm angelegten Fußweg. Am Südwestrand des Eibsees durchzieht der Weg das am stärksten alpine Gelände dieses Spaziergangs: Steil brechen die Bergflanken zum See hin ab, der höchste Punkt der Wanderung, 1020 m, wird überschritten. Doch dieser alpine Charakter verliert sich mit Erreichen des westlichsten Uferabschnitts. Beschaulicher, dabei jedoch abwechslungsreich und anregend führt der Weg dann am Nordufer durch bizarr strukturiertes Gelände – ein prähistorischer Bergsturz hat die Landschaft eindrucksvoll gegliedert. Die Blicke zum imposanten Zugspitzmassiv sind beeindruckend, reizvoll die sieben kleinen Inseln, die, dem Ufer vorgelagert, das Landschaftsbild des Eibsees prägen. Zuletzt wird eine Bucht auf langem Steg überquert, der Ausgangspunkt Eibsee erreicht.

Karte: Topographische Karte 1:50 000 „Karwendelgebirge – Werdenfelser Land" (BLVA).
Diese Karte ist die genaueste; für die beschriebene Wanderung ist eine Karte jedoch nicht unbedingt erforderlich.

Und nach der Tour:
Baden im Eibsee! Und wer's lieber kulturell haben möchte, der sollte beim Heimweg in Garmisch haltmachen. Sehenswert sind Alte und Neue Pfarrkirche St. Martin. Eindrucksvoll zudem ein Bummel durch die Sonnenstraße unweit der neuen Kirche; prächtige Werdenfelser Hausfassaden geben ein Bild davon, wie dieser Alpenort in früherer Zeit ausgesehen hat. Einen guten Einblick gibt auch das Heimatmuseum.

Der durch einen Felssturz in prähistorischer Zeit entstandene Eibsee gilt als höchster Badesee Deutschlands. Besonders reizvoll ist natürlich die Umrahmung durch die steilen Felsgipfel der Waxensteine, der Riffelspitzen und der Zugspitze.

34 Coburger Hütte und Drachensee

Höchster Punkt: Coburger Hütte, 1917 m.
Anfahrt: Richtung Garmisch, dann über den Grenzübergang Griesen nach Ehrwald; in Ortsmitte links Richtung Ehrwalder-Alm-Bahn. Dort Parkplatz.
Zeitdauer: Von der Ehrwalder Alm zur Coburger Hütte 2½ Std., Rückweg 2 Std.; insgesamt: 4½ Std.
Schwierigkeit: Bis zum Seebensee bequeme Almstraße, dann guter Bergsteig. Der „Hohe Gang" erfordert Trittsicherheit.
Einkehr: Gasthäuser auf der Ehrwalder Alm, Seebenalm und Coburger Hütte (von Juni bis Mitte Oktober bewirtschaftet).
Karte: Topographische Karte 1:50 000 „Karwendelgebirge – Werdenfelser Land" (BLVA).
Und nach der Tour: Ins Freibad in Ehrwald.

Rechte Seite: Der Seebensee vor dem Zugspitzmassiv.

Was will ein Bergwanderer mehr: eine gemütliche Hütte, einen blauen Bergsee, ein herrliches Panorama, Wald und Almwiesen und gute Wege: All das bietet die Tour zur Coburger Hütte in den Mieminger Bergen. Etwas im Schatten der mächtigen Zugspitze gelegen kann sie zwar nicht den Zulauf erwarten, der den Hütten des Wettersteins zuteil wird. Doch wer einmal zu ihr gefunden hat, wird wiederkommen.

Die Ehrwalder-Alm-Bahn verhilft uns zu einer guten Möglichkeit, erst einmal Höhe zu gewinnen (auf 1500 Meter). Dort wandern wir über Almwiesen talein und halten dann auf den rechts vor uns liegenden Bergrücken zu. Ein bequemer Almfahrweg bringt uns in mäßiger Steigung durch Wald zur bewirtschafteten Seebenalm und hinauf zum nahegelegenen Seebensee. Links am See vorbei und auf dem nun schmalen Bergsteig steil hinauf durch einen latschenbestandenen Hang zur Coburger Hütte über dem Drachensee.
Abstieg wie Anstiegsweg. Falls wir trittsicher sind, versuchen wir uns in einer Variante und steigen nach dem Seebensee linker Hand kurz bergan und folgen dem Hohen Gang direkt hinab nach Ehrwald.

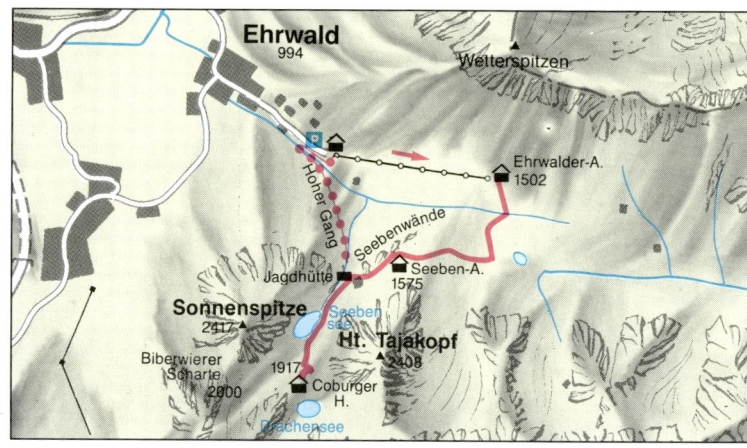

35 Gasthaus Sankt Martin

Wer als Wanderer oder Bergsteiger nach Garmisch-Partenkirchen kommt, hat weiß Gott die Qual der Wahl. Da lockt die Zugspitze, Deutschlands höchster Berg. Und die Alpspitze als formschöne Felspyramide, durch Klettersteige gezähmt. Es warten reizvolle Hüttenanstiege auf, die durch wilde Klammen und wildromantische Hochtäler führen. Kurz, das Gebiet rund um den Olympiaort ist ein Dorado für Bergfreunde. Aber, Hand aufs Herz, gibt es nicht auch Tage, da man es beschaulich will, da alpinistischer Ehrgeiz gar nicht erst aufkommen mag. Für so einen Tag ist der hier vorgestellte Alpenspaziergang genau das Richtige. Ein Bummel über den Dächern von Garmisch, und dabei im Angesicht der großartigen Werdenfelser Bergwelt.

In Garmisch orientiert man sich nach dem Bergfuß des Kramers, der sich nordwestlich über dem Ort erhebt. Ausgangspunkte gibt es mehrere: beim Kongreßhaus, beim Sportplatz, überall weisen Schilder Wege zum Kramer und damit zum Gasthaus Sankt Martin. In jedem Fall gelangt man in kurzer Zeit auf das Kramerplateau, einer weitläufigen, naturgegebenen Terrasse, und hält sich fortan an die Wegweiser. Auf gut angelegten Spazierwegen ist zum Gasthaus gerade mal eine Stunde zu gehen.

Hier wird man gerne verweilen. Überwältigend ist die Aussicht auf das Zugspitzmassiv, das sich eindrucksvoll über Garmisch-Partenkirchen und dem Loisachtal erhebt und das zu den Schaustücken der deutschen Alpen zählt. Auch liegt Garmisch-Partenkirchen ausgebreitet da, man hat Gelegenheit, dem Treiben dieses Tourismusortes von oben zuzusehen und zurückzuträumen in Zeiten, als Garmisch und Partenkirchen noch kleine Dörfer waren.

Ist man dann satt vom Brotzeiteln und vom Schauen, dann setzt man den Spaziergang fort. Vom Gasthaus Sankt Martin steigt man zurück zum Plateauweg und geht nordostwärts zur Werdenfelser Hütte bei

der Ruine Werdenfels. Einst stand hier eine Burg, strategisch wichtig für den Handelsweg über den Brenner. Heute existieren noch Mauerreste aus dem 12. Jahrhundert. Das traurigste Kapitel der Burggeschichte ist sicher Ende des 16. Jahrhunderts geschrieben. Da wütete die Inquisiton, und Frauen aus Mittenwald, Garmisch und Partenkirchen wurden ins Verlies gesperrt.

Von der geschichtlichen Stätte läßt sich dann unweit der Straße oder, was schöner ist, auf dem Kramerplateauweg nach Garmisch zurückspazieren.

Blick hinab vom Gasthaus St. Martin.

Karte: Topographische Karte 1:50 000 „Karwendelgebirge – Werdenfelser Land" (BLVA).
Und nach der Tour: Bummel in Garmisch.

Ammergauer Alpen

Dreh- und Angelpunkt
am Westrand der Am-
mergauer Alpen ist
Schloß Neuschwan-
stein. Hier der faszinie-
rende Blick vom Anstieg
zum Säuling gesehen.

36 Ettaler Manndl

Kurzinformation

Höchster Punkt: Laber, 1690 m.

Anfahrt: Auf der Autobahn München–Garmisch bis Oberau; dort rechts nach Ettal und weiter nach Oberammergau. Parkplatz an der Bergstation der Laberbahn im Ortsteil St. Gregor.

Zeitdauer: Ohne Bahnbenutzung von Oberammergau bis zum Laber-Gipfel etwa 2½ Std. Bis zum Manndl-Gipfel 1 Std. Für den Abstieg über den Soilesee 2 Std. bzw. 1½ Std. für die Variante; insgesamt: 5½ Std.

Schwierigkeit: Bis zum Gipfelaufschwung ist die Wanderung leicht; der Gipfelanstieg selbst ist durch eine Eisenkette durchgehend gesichert, dabei aber sehr ausgesetzt. Dies erfordert Erfahrung im felsigen Gelände und sorgfältiges Gehen. Kinder sollten in jedem Fall mittels Seil gesichert werden.

Einkehr: Im Laber-Gipfel-

Fährt man auf der Autobahn von München in Richtung Garmisch, dann grüßt keck das Ettaler Manndl. Ein Wahrzeichen vorgebirgiger Landschaft. Als nordöstlicher Eckpunkt der Ammergauer Alpen erhebt sich das Manndl zudem über kulturträchtigen Orten: im Süden die berühmte Benediktinerabtei Ettal, im Westen der Passionsspielort Oberammergau. Aber keine Sorge – ein Kreuzweg ist die Wanderung nicht. Vielmehr das reinste Vergnügen für die, die auch am steilen, felsigen Gipfelaufschwung trittsicher sind.

In St. Gregor, dem östlichen Ortsteil Oberammergaus, nimmt der Ausflug seinen Anfang. Mit der Laberbahn kommt man rasch in die stattliche Höhe von 1690 Metern. Bei Bergstation und Gasthaus zweigt ein Weg nach Osten ab; in einer halben Stunde sind die Drahtseilsicherungen am felsigen Gipfelaufschwung des Ettaler Manndls erreicht. Ist die derart zu überwindende Höhe auch gering, so ist doch mit größter Achtsamkeit zu kraxeln: Wer hier nicht schwindelfrei, nicht trittsicher ist, der sollte auf den Gipfelanstieg besser verzichten. Beim Beginn der Drahtseile geht man auf dem

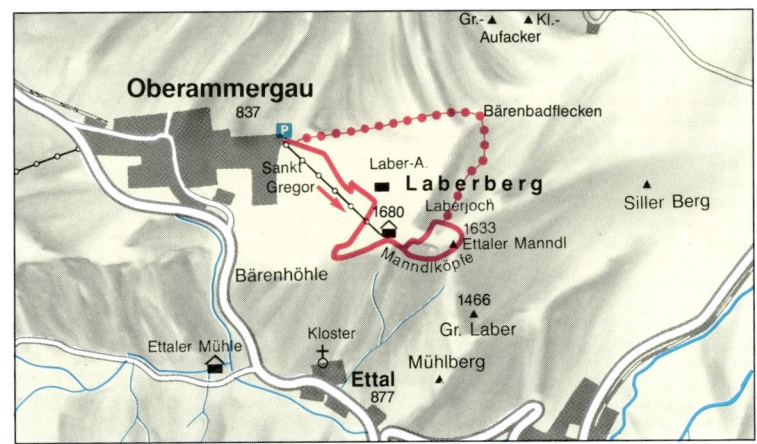

Normalweg in nordwestlicher Richtung weiter, steigt hinab zum kleinen Soilesee, der reizvoll unter der Nordwestflanke des Manndls
liegt. Vom See führt dann ein Steig wieder hinauf Richtung Laber,
wo man vor der Entscheidung steht, ob man auf gutem Steig hinab-
läuft nach Oberammergau oder ob man einmal mehr die Seilbahn
nimmt. Zu empfehlen ist eine weitere Wandervariante: Vom Soilesee
nordseitig auf breitem Weg in die Senke, die das Manndl vom Auf-
acker trennt, und hier westlich hinaus nach St. Gregor.

haus bei der Seilbahnberg-
station.

Karte: Topographische
Karte 1:50 000 „Karwen-
delgebirge – Werdenfelser
Land" (BLVA).

Und nach der Tour: Da
steht natürlich die Besichtigung der nahen Ettaler
Klosterkirche auf dem Programm. Des weiteren bietet
sich ein Bummel in Ober-
ammergau an: Sehens-
werte Lüftlmalereien (der
berühmte Lüftlmaler Franz
Zwinck lebte einst in Oberammergau), zum Teil
sehenswerte Schnitzereien
in den zahlreichen Kunstge-
werbeläden. Passionsspiel-
haus, Wellenbad mit
Freibad und Liegewiese.

**Der Gipfelaufbau des
Ettaler Manndls vermit-
telt bereits einen Ge-
schmack von hoch-
alpiner Felswildnis.
Doch die letzten Meter
sind mit einem Seil ge-
sichert und verlangen
Trittsicherheit und
Schwindelfreiheit.**

37 Auf die Pürschling-häuser

Kurzinformation

Höchster Punkt: Pürschlinghäuser, 1566 m.
Anfahrt: Auf der Garmischer Autobahn bis Oberau,
dort rechts Abzweigung
nach Ettal und Oberam-
mergau. Parkplatz bei der
Talstation des Kolbensattellifts.
Zeitdauer: Der Aufstieg
von Oberammergau zu den
Pürschlinghäusern erfor-
dert 2½ Std.; der Abstieg
auf demselben Weg etwa
1½ Std.; insgesamt: 4 Std.
Schwierigkeit: Bei Nässe
unangenehm.
Einkehr: Kolbensattelhütte, 1276 m, und Pürsch-
linghäuser, 1566 m, sind
jeweils ganzjährig bewirtschaftet.
Karte: Topographische
Karte 1:50 000 „Pfaffen-
winkel – Staffelsee und
Umgebung" (BLVA).
Und nach der Tour: Ein
Bummel durch den Passi-
onsspielort. Sehenswert die
Barockkirche St. Peter und
Paul sowie die Lüftlmalerei-
en an vielen alten Häusern.

Südwestlich von Oberammergau erstreckt sich ein Höhenzug, der mit dem felsigen Hausberg, dem Kofel, beginnt und in der doppelgipfeligen Klamm-spitze zu enden scheint. Dieser Bergzug, der als letz-tes, ernstzunehmendes Bollwerk die Ammergauer Alpen nach Norden hin abschließt, ist allemal einen Ausflug wert. Und daß es nicht immer ein Gipfel sein muß, der am Ende eines Aufstiegs steht, läßt sich an-hand der Wanderung zu den Pürschlinghäusern aufs Beste zeigen. Eine Wanderung mit Einkehr, eine Hütte mit Aussicht – von Oberammergau zu den Pürsch-linghäusern.

Bei der Talstation des Kolbensattellifts läßt sich, so man nicht ohne-hin mit der Bahn gekommen ist, das Auto parken. Und hier beginnt auch die Wanderung. Ein gut angelegter, stellenweise mit Stufen ver-sehener Wanderweg führt an einem Bach entlang talein. Bald nimmt die Steigung zu, der Weg windet sich in mehreren Serpentinen durch Mischwald bergan. Schließlich begleitet er rechter Hand die Schlucht, in der die vom Brunnberg herabziehenden Bachläufe rauschen.

94

Bei einer Weggabelung hält man sich rechts. Von links mündet der Weg vom Kofel ein; geradeaus weiterzugehen hieße, sich auf einen anspruchsvollen und oftmals sehr ausgesetzten Bergsteig einzulassen, der zwar auch zu den Pürschlinghäusern führt, so manchem aber nicht ganz geheuer wäre. Als Weg Nr. 233 führt unser Steig nun langsam ansteigend zur Kolbensattelhütte (bei der Bergstation des Sessellifts) und weiter auf dem bei Nässe unangenehmen Kofelsteig bis dorthin, wo die von Unterammergau heraufziehende Forststraße einmündet. Das letzte Stück zu den Pürschlinghäusern ist steil und weniger erfreulich; doch es entschädigen bald eine ausgiebige Hüttenrast und eine ergiebige Rundsicht.

Für den Abstieg wählt man dann denselben Weg; vielleicht nutzt man dabei gerne den Sessellift, um ein wenig Kraft zu sparen.

Wer hingegen über ordentliche Bergerfahrung verfügt, der kann auch den Sonnenberggrat überschreiten. Wenig unterhalb der Hütte zweigt rechts ein kleiner Steig von der Forststraße ab. Dieser Steig durchzieht steile Hänge, erlaubt einen etwas lehmigen Gipfelanstieg am Sonnenberg, 1622 m, erreicht die Felszacken, die „am Zahn" bezeichnet werden, bevor er in Kehren hinunterführt zum breiten Wanderweg nach Oberammergau.

Oben: Der Passionsspielort Oberammergau offeriert auch einige reizvolle Wandermöglichkeiten.

Unten: Die reizvoll gelegenen Pürschlinghäuser.

38 Zu den Brunnen-kopfhäusern

Kurzinformation

Höchste Punkte: Brunnenkopfhäuser, 1602 m; Pürschlinghäuser, 1666 m.
Anfahrt: Auf der Autobahn München–Garmisch bis Oberau; dort Abzweigung nach Ettal. Gleich hinter Ettal links nach Graswang und Linderhof. Gebührenpflichtiger Parkplatz beim Schloß.
Zeitdauer: Aufstieg vom Schloß zu den Brunnenkopfhäusern 2 Std. Höhenweg zu den Pürschlinghäusern 2½ Std. Abstieg nach Linderhof 1½ Std.; insgesamt: 6 Std.
Schwierigkeit: Leichter Wanderweg bis zu den Brunnenkopfhäusern; Übergang zu den Pürschlinghäusern teilweise steil.
Einkehr: Brunnenkopfhäuser, von Ende Mai bis Mitte Oktober, Pürschlinghäuser, 1564 m, ganzjährig bewirtschaftet.
Karte: Topographische Karte 1:50 000 „Karwendelgebirge – Werdenfelser Land" (BLVA).

Eine wahrhaft königliche Wanderung steht nun auf dem Programm, eine, die abgesehen von einem Gipfel alles zu bieten hat, was der Bergwanderer sich wünschen kann. Zuerst einen gemütlichen Anstieg auf geschichtsträchtigem Weg, sodann ausgiebige Rast bei den Brunnenkopfhäusern, als nächstes den prächtigen Höhenweg zu den Pürschlinghäusern und dann, nach dem Abstieg, das Linderhofer Königsschloß als kulturelles Sahnehäubchen.

Gleich beim Schloß Linderhof, das als ein kleines, verwunschenes Versailles wie unwirklich im Graswangtal liegt, gleich bei der Venusgrotte, dem Maurischen Kiosk, dem sonnenköniglichen Wasserspiel beginnt die Wanderung zu den Brunnenkopfhäusern. Ein breiter Weg, der zunächst meist durch waldreiches Gebiet führt, vermittelt den Anstieg (markiert 231). Immer leiser wird der Verkehrslärm, der heraufdringt von der Straße, die Oberammergau mit Reutte verbindet, immer mehr wird der Alltag vom Wald verschluckt.
Der Weg ist über weite Strecken unspektakulär, ein stiller Wanderweg. Vielleicht mag aber auch dieser Weg dazu anregen, daheim mal

96

über Bayerns König Ludwig II. nachzulesen, zu suchen nach dem wahren Monarchen, der im Gespinst der Legendenbildung ja längst nicht mehr auszumachen ist. Auf diesem alten Jagdweg ritt und ging schon Ludwig II., denn einst waren die Brunnenkopfhäuser königliche Jagdhäuser. (Herrgott, war da noch eine Einsamkeit in den Ammergauern. Und überall im Gebirg.) Spektakulärer wird es erst in Hüttennähe, wenn man aus dem Wald tritt, freien Blick hat zur doppelgipfeligen Klammspitze, die alle Bergnachbarn deutlich überragt, und wenn sich die übrige Vielgestalt der Ammergauer Berge vor einem auftut. Nach etwa zwei Stunden Gehzeit sind die Brunnenkopfhäuser erreicht, große Rast ist angesagt.

Dann folgt der eigentliche Höhepunkt des Tages: die Wanderung zu den Pürschlinghäusern auf einem Panoramaweg, der seinesgleichen sucht. Bei stets unverstellter Aussicht nach Süden, namentlich ins Wettersteingebirge mit dem alles dominierenden Zugspitzmassiv, schlendert man zwei Stunden lang auf diesem Bergpfad, der die lobende Bezeichnung „Höhenweg" wirklich verdient.

Kurz vor Erreichen der Pürschlinghäuser zweigt rechts der Abstiegsweg ab. Er führt steil hinunter zur Kälberalm und durch den Linderwald zum königlichen Schloß, das bis 17.30 Uhr geöffnet ist.

Der formschöne Doppelgipfel der Großen Klammspitze mit den Jagdhäusern von Linderhof.

Und nach der Tour: Besichtigung des Schlosses Linderhof mit Grotte und Maurischem Kiosk. Wasserspiele von 9 bis 17 Uhr zu jeder vollen Stunde. Besichtigung nur mit Führung möglich.

39 Tegelberg

Kurzinformation

Höchster Punkt: Tegelberghaus, 1707 m.
Anfahrt: Von München über Weilheim bis kurz vor Schwangau; dort nach Hohenschwangau abbiegen und 1½ km vor Ortsbeginn zur Talstation der Tegelbergbahn. Dort Parkplatz.
Zeitdauer: Auffahrt zum Tegelberg mit der Bahn (zu Fuß 3½ Std.); Abstieg entweder über die Marienbrücke oder die Drehalpe jeweils 3 Std.; insgesamt: 3 bis 6½ Std. (mit bzw. ohne Bahnbenützung).
Schwierigkeit: Bergwanderwege.
Einkehr: Tegelberghaus und Drehalpe sind ganzjährig bewirtschaftet.
Karte: Topographische Karte 1:50 000 „Füssen und Umgebung" (BLVA).
Und nach der Tour: Ein Besuch von Schloß Neuschwanstein.

Rechte Seite: Branderschrofen und Tegelberg im Abendlicht.

Den Tegelberg kennt jeder – als den Hausberg von Neuschwanstein und den bayerischen Flugberg par excellence. Zugegeben, ein Ziel für Einsamkeitssucher ist er nicht. Dafür bürgt schon die Tegelbergbahn. Für den Abstieg bieten sich dann zwei reizvolle Wege an.

Von der Bergstation der Tegelbergbahn steigen wir zuerst die wenigen Meter zum Tegelberghaus ab, wo wir erst mal den besonders schönen Ausblick genießen. Doch dann müssen wir uns für einen der beiden Abstiegswege entscheiden:

a) Über die Marienbrücke: Vom Haus hinab zum Sattel oberhalb des sogenannten „Grübles", dann links, stets Richtung Westen, über den langen Westrücken des Tegelbergs durch Wald und an zahlreichen Felsgebilden vorbei hinab ins Pöllattal. Als eindrucksvolles Finale erwartet uns dann noch die Begehung der Pöllatschlucht, die hinter dem Schloß Neuschwanstein in die Ebene hinausführt.

b) Über die Drehalpe: Vom Tegelberghaus zuerst hinab ins Grüble, dann z. T. auf der Skipiste und weiter über den bewaldeten Nordostrücken des Tegelbergs hinunter zur Drehalpe. Dort beginnt ein Fahrweg, der uns zurück zur Talstation der Tegelbergbahn bringt.

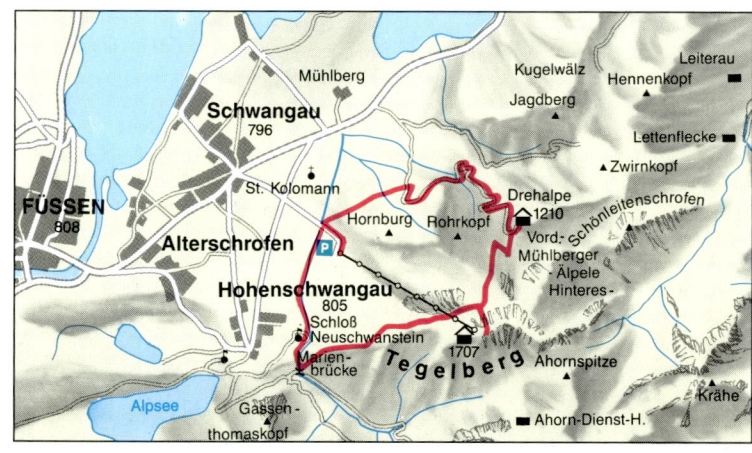

40 Durch die Pöllat-schlucht zum Alpsee

Kurzinformation

Höchster Punkt: Marien-brücke, 984 m.
Anfahrt: Mit dem Auto von München über Starn-berg, Weilheim, Peiting nach Schwangau (kurz vor Füssen). In Schwangau Ab-zweigung nach Hohen-schwangau, wo Parkplätze ausgeschildert sind.
Zeitdauer: Von Hohen-schwangau zum Schloß Neuschwanstein wandert man ½ Std.; vom Schloß aus benötigt man für die Umrundung des Alpsees etwa 2½ Std.; insgesamt: etwa 3 Std.
Schwierigkeit: Leichte Wanderung auf stets guten Wegen.

Weltberühmt ist des Märchenkönigs Schloß Neu-schwanstein, das sich, einer Wagner-Opernkulisse gleich, am Nordwesteck der Ammergauer Alpen über dem Alpenvorland erhebt. Die hier vorgestellte Wan-derung führt durch die Pöllatschlucht zum Schloß, weiter zum Alpsee und endet schließlich beim Schloß Hohenschwangau. Eine nicht sehr lange Wanderung, aber ein ausgefüllter Tag mit Natur und Kultur.

Am Fuß des Berges, bei den Parkplätzen, beginnt unsere kulturträchti-ge Tour. Man folgt zunächst den Beschilderungen zum Schloß (der Pöllatschlucht talein). Nach einer halben Wegstunde ist der Schloß-hof erreicht; wer das überaus sehenswerte Neuschwanstein noch nicht kennt, sollte sich einer der Führungen unbedingt anschließen, vielleicht wird er dann wie so viele dem Mythos Ludwig erliegen. Was wünschte doch der Märchenkönig? „Daß Neuschwanstein ‚im echten Styl der alten deutschen Ritterburgen' erbaut sei und ‚Reminiscenzen an Tannhäuser und Lohengrin' in Architektur und Ausstattung ent-halten seien." Über den Platz, an dem das Schloß von 1886 bis 1892 erbaut wurde, schrieb Ludwig II. an Richard Wagner: „Dieser Punkt ist einer der schönsten, die zu finden sind, heilig und unnah-bar, ein würdiger Tempel für den göttlichen Freund." Spürt man noch, was der König auf Neuschwanstein zu spüren glaubte? Spürt man bei einer solchen Wanderung, daß die Götter hier weilen, „bei uns auf steiler Höh', unweit von Himmelsluft"?
Nach der Besichtigung geht man in südlicher Richtung zur eindrucks-voll über der Schlucht gebauten Marienbrücke, knipst das obligatori-sche Erinnerungsfoto und geht dann weiter südwärts auf der Forst-straße, die Richtung Fritz-Putz-Hütte und Säuling führt. Nach wenigen Gehminuten zweigt links der mit Nr. 39 markierte Obere Winterzug-weg ab. Nun folgt man immer diesem aussichtsreichen Wanderweg, schlendert hoch überm Alpsee dahin, bis man unweit von dessen Westufer auf den Rundwanderweg Allgäu – Tirol trifft, manchem be-reits als Fürstenweg bekannt. Diesem Weg folgt man nun ostwärts,

geht entlang dem Nordufer des Sees und genießt die Ausblicke auf den Ammergauer Säuling und das Schloß Hohenschwangau, eine Sommerresidenz von Kronprinz Maximilian II., erbaut im 19. Jahrhundert auf den Grundmauern einer mittelalterlichen Burg. Was bleibt am Ende dieser Wanderung, ist die schwer zu beantwortende Frage: Soll man den Ausflug kulturell, also mit einem Besuch des Schlosses Hohenschwangau, oder müßiggängerisch, zum Beispiel mit einem Bad im Alpsee oder im Forggensee, ausklingen lassen?

Einkehr: Schloßwirtschaft Neuschwanstein. Ansonsten Gaststätten in Hohenschwangau.

Karte: Topographische Karte 1:50 000 „Füssen und Umgebung" (BLVA).

Und nach der Tour: Ein Abstecher in die Altstadt des nahen Füssen könnte diesen geschichts- und kulturträchtigen Wandertag angemessen beschließen. Bademöglichkeiten am Alpsee, am Schwansee und am Forggensee.

Links: Die Pöllatschlucht erschließt sich dem Wanderer auf einem gut angelegten Steig.

Unten: Das im neugotischen Stil renovierte Schloß Hohenschwangau steht zu Unrecht im Schatten von Schloß Neuschwanstein.

Register

Die Herbstfärbung – hier goldgelbe Lärchen – erhöht den Wanderreiz beträchtlich.

Bildnachweis

Titelfoto: Am Jochberg, Blick zum Walchensee.

H. Bauregger: 2, 11 (2), 13, 18, 19, 25, 29, 31, 33 (2), 35, 37, 39 u. und o., 41 (2), 43, 46, 47, 49, 50, 55, 63, 95 u. W. Fischer: Titelfoto, 3, 7, 73, 93. D. Fuchs: Umschlagrückseite, 15, 51, 57, 101 r. S. Garnweidner: 26/27, 45, 65. H. Heller: 20/21, 81. W. Lauter: 63, 67, 69. D. Mitschke: 74/75. W. Neumayer: 15. K. Puntschuh: 23, 69, 77, 79, 83, 87, 89, 101. R.-D. Reich: 61. D. Seibert: 84/85, 95 o., 99. R. Steiger: 17, 97. H. Steinbichler: 8/9. Chr. Strub: 3 u., 103. M. Waeber: 52/53. F. Zengerle: 4/5, 59, 90/91.

Dieser Tourenvorschlagsband wurde von Autor und Verlag mit großem Bemühen um zuverlässige Information erstellt. Fehler und Unstimmigkeiten sind jedoch nicht auszuschließen. Eine Garantie für die Richtigkeit der Angaben kann daher nicht gegeben werden. Eine Haftung für etwaige Unfälle wird aus keinem Rechtsgrund übernommen.

Für Korrekturhinweise sind wir dankbar. Zuschriften bitte an: Südwest Verlag, Goethestraße 43, 80336 München.

Impressum

Umschlaggestaltung: Manuela Hutschenreiter unter Verwendung eines Fotos von Donatus Fuchs

Kartographie: Landkartentechnik Klaus Becker, Gernlinden

DTP-Produktion: AVAK Publikationsdesign

Der Südwest Verlag ist ein Unternehmen der Econ Ullstein List Verlag GmbH & Co. KG, München. © 1994 Econ Ullstein List Verlag GmbH & Co. KG, München 7. durchgesehene Auflage 2001

Alle Rechte vorbehalten. Nachdruck – auch auszugsweise – nur mit Genehmigung des Verlages

Printed in Slovenia

Druck und Bindearbeiten: Gorenjski Tisk p. o., Kranj (Slowenien)

ISBN 3-517-01998-4